Christian Fürchtegott Gellert

Briefe nebst einer Abhandlung von dem guten Geschmacke

Christian Fürchtegott Gellert
Briefe nebst einer Abhandlung von dem guten Geschmacke
ISBN/EAN: 9783744672047

Hergestellt in Europa, USA, Kanada, Australien, Japan

Cover: Foto ©ninafisch / pixelio.de

Weitere Bücher finden Sie auf **www.hansebooks.com**

Briefe,
nebst einer
Praktischen Abhandlung
von dem
guten Geschmacke
in Briefen,
von
C. F. Gellert.

Frankfurt und Leipzig,
1776.

Vorrede.

Wenn auch meine Leser mit diesen Briefen nicht ganz zufrieden seyn sollten: so wird ihnen doch die Absicht nicht mißfallen können, die ich dadurch zu erreichen wünsche; nemlich junge Leute, und insonderheit das Frauenzimmer, zu einer natürlichen Schreibart zu ermuntern, und andern, wenn es möglich wäre, das Vorurtheil zu benehmen, als ob unsere Sprache zu den Gedanken der Höflichkeit, des Wohlstandes, des Scherzes, und zu den andern zarten Empfindungen nicht biegsam und geschmeidig genug sey. Ich halte

halte es für nothwendig, wenn man Briefe in dieser Absicht heraus geben will, daß man solche wähle, die man wirklich an gewisse Personen geschrieben hat; und zwar, ohne daß man daran gedacht, sie jemals in den Druck zu geben. Sie werden im ersten Falle lebhafter, bestimmter, und eben dadurch brauchbarer: im andern Falle freyer, unstudirter, und eben dadurch angenehmer werden. Die gegenwärtigen Briefe haben das Verdienst, an wirkliche Personen, und ohne alle Absicht des Druckes, geschrieben zu seyn. Wollte der Himmel, daß sie auch eben so gewiß das größte hätten, nemlich, daß sie in ihrer Art gut wären!

So überzeugt ich indessen bin, daß man durch wirklich geschriebene Briefe die Absicht erreichen könne, die ich mir vorgesetzt habe: so finden sich doch verschiedene Ursachen, welche die Ausführung dieser Absicht schwer machen, und die mich die Erfahrung zu meinem Verdrusse gelehrt hat. Bald verliert der Leser, bald der Verfasser des Briefes, bald die Person, an die er geschrieben ist; bald verlieren alle drey zugleich,
bald

bald noch viele andere Perſonen, deren darinnen erwähnet wird, wenn man ſolche Briefe dem Druck überlaſſen will. Ich habe oft die angenehmſten und natürlichſten Briefe von andern in den Händen gehabt. Ich wünſchte in der Hitze, daß ſie ſchon gedruckt ſeyn möchten; und kaum ſetzte ich mich an die Stelle der Leſer: ſo ſahe ich, daß dieſe ſo ſchönen Briefe bald Räthſel, bald Nachrichten waren, an denen man keinen Theil nahm. Der Leſer hätte den Verfaſſer, er hätte dieſen und jenen Freund, dieſen und jenen Umſtand, der oft zehen andere Umſtände zu Gefährten hatte, kennen müſſen, wenn er alles das Aufgeweckte, das Boshafte in dem Briefe, hätte nothwendig finden und fühlen ſollen. Was helfen der Welt dergleichen verſchloßne Schönheiten? Wenn es Briefe an eine einzige Perſon ſind: ſo wird man freylich nach und nach mit ihren Umſtänden bekannt; allein dergleichen Briefe haben für die Leſer eine andere Unbequemlichkeit, nemlich das Gleichförmige; und endlich kommen doch noch ſolche Haus-Umſtände vor, bey denen die Noten, die zu ihrem völligen Verstande nöthig wären, mehr Raum einnehmen würden, als der Text an sich selber.

Doch alles dieses ist noch wenig. Wie viele unschuldige Kleinigkeiten finden sich nicht in Briefen, die man die Welt nicht gerne will wissen lassen, und die man sie aus Bescheidenheit auch oft nicht soll wissen lassen, wenn sie uns und andere kennet! Man kann in seinen Briefen, als Freund, als Anverwandter, als Liebhaber, oft sehr lebhafte Dinge sagen, sehr richtige Anspielungen, sehr feine Satyren machen; und eben diese Einfälle, die unter vier oder wenig Augen schön und wohl angebracht waren, verlieren ihren Werth, wenn sie der Welt vorgelegt werden, und den Namen desjenigen an der Stirne führen, der sie niedergeschrieben hat; zumal, wenn er noch lebet. Die Welt denkt alsdann nicht an den Freund, nicht den Vertrauten, nicht den Scherzhaften bey dieser oder jener Gelegenheit, wo der Scherz eine Tugend war; nicht den Mann, der sich, indem er schrieb, einmal zerstreuen wollte; der mit seinem besten Freunde, oder mit seiner besten Freundin, zum Vergnügen redete;

dete; der sich mit Fleiß vergaß, und eben daher schön redete: sondern sie denkt den und den Mann, der diese oder jene Bedienung, dieses oder jenes ernsthafte Amt, diese oder jene Jahre hat; sie denkt seine Geschäfte, seine Schriften, seine Freunde, sein Glück oder Unglück dabey. Sein Gedanke verliert alsdann oft, wenn sie den Mann kennet, weil sie Umstände dazu bringt, die sie vergessen sollte. Er verliert aber auch oft von einer andern Seite, wenn sie ihn nicht kennet, weil ihr Umstände verborgen sind, ohne welche der Einfall, wo nicht ganz unverständlich wird, doch wenigstens die Hälfte seiner Anmuth verliert. Man schreibe endlich als ein Gönner, als ein Client, als ein Rathgeber, als ein Dankbarer; es mischen sich stets gewisse Umstände mit ein, die wir nicht wollen bekannt werden lassen. Und wer ist gleichwohl ein getreuerer Verräther, als ein Brief? Streicht man bey dem Drucke solche Umstände weg; so gehet es gemeiniglich den Briefen, wie allen wohl verbundenen Dingen, denen man einen Theil entziehet. Sie passen übel zusammen; und wenn dieß nicht ist: so haben

haben sie doch eine Schönheit weniger: Schade genug!

Die Personen, an die man schreibt, und von denen man in den Briefen redet, verursachen in Ansehung des Druckes eben diese Schwierigkeiten. Man darf zuweilen einen gewissen Umstand nicht bekannt machen, oder man kann ihn beynahe nicht erklären; und gleichwohl ist oft der ganze Brief, oder sein gröstes Verdienst auf diesen Umstand gegründet. Also fallen dergleichen Briefe, wenn man sich zum Drucke entschließt, wieder weg. Ferner giebt es gewisse Briefe, die zwar alle Welt würde lesen dürfen, und wenn sie solche nur lesen möchte, auch würde verstehen können. Aber der Inhalt ist so geringe, so unansehnlich, so persönlich, so familienmäßig, daß man keinen Theil daran nehmen kann. Und so gut dergleichen Briefe in ihrer Art sind; so ist man ihrer vielleicht bey dem dritten schon müde, und niemand verlangt solche Exempel, als diejenige Leser, die sie am wenigsten zu gebrauchen wissen; das ist, die gar nicht schreiben sollten.

Endlich sind Briefe, als gedruckte Brie=

Briefe, oft deswegen nicht mehr schön, weil der Leser das besondere Verhältniß, das zwischen mir und der Person ist, an die ich schreibe, nicht weiß, und also die größte Tugend, den Wohlstand des Briefes, nicht wahrnehmen und empfinden kann. Es ist in diesem Falle nicht allemal genug, daß man, zum Exempel, weiß, daß der andere mein Gönner ist. Man sollte das besondere Verhältniß zwischen ihm und mir, man sollte seinen und meinen Charakter, und zwar in diesen oder jenen Umständen und Aussichten wissen, wenn man von der Güte oder dem Fehler des Briefes recht vollkommen urtheilen wollte.

Ich habe mich in dieses Schicksal bey dem Drucke der gegenwärtigen Briefe so gut zu schicken gewust, als es möglich gewesen ist. Ich habe aus vielen nur wenige, nur solche ausgelesen, die nach meinen Gedanken ohne die Gefahr eines Misverstandes gedruckt, ohne Mühe und Dunkelheit gelesen, und ohne ein Tagregister gewisser Haus-Angelegenheiten verstanden und geprüft werden könnten.

Wenn einige so glücklich sind, dem Leser zu gefallen: so ist er den Dank nicht sowol mir

mir, als einer guten Freundin, schuldig; nicht deswegen, weil sie mich zum Drucke verführt hat; sondern weil ich diese Briefe ohne sie gröſten Theils gar nicht haben würde. Sie hatte ſonſt den kleinen Fehler, daß ſie mich gerne las, und meinen Urtheilen glaubte. Sie wies mir im Anfange ihre Briefe, und ich verſprach ihr, ſie die meinigen, ſo viel ich ihrer ſchriebe, und ſo oft es die Zeit erlaubt, wieder leſen zu laſſen. Sie hat ſie bey dieſer Gelegenheit oft abgeſchrieben, wenn ſie ihr gefallen haben; und die Briefe an ſie ſelbſt machen auch keinen geringen Theil von den gegenwärtigen aus.

Da ich in meinem Leben faſt keinen Brief concipiret habe, noch ſo ſtolz geweſen bin, meine Briefe des Abſchreibens werth zu achten: ſo ſchien es mir nöthig, dieſen hiſtoriſchen Umſtand anzuführen. Und da ich zugleich den Leſer verſichert habe, daß dieſes nicht erdichtete, noch zum Drucke geſchriebene Briefe, ſind: ſo habe ichs gar für meine Schuldigkeit gehalten, dieſe Anekdote zu erzählen, und mich lieber einer kleinen Eitelkeit, wenn einmal eins ſeyn muß, als einer Unwahrheit verdächtig zu machen.

Die

Diejenigen, welchen der Name und die Titulatur an einem Briefe das merkwürdigste sind, werden unzufrieden seyn, daß ich beydes die meisten male weggelassen habe. Ich gebe auch gerne zu, daß unsere Neubegierde bey gewissen Briefen etwas entbehret, wenn sie die Namen der Personen, an welche sie geschrieben sind, und ihren Aufenthalt, nicht findet. Allein würde ich nicht diesen, oder jenen, beleidiget haben, wenn ich seinen ganzen Namen hätte hinsetzen wollen? Würde es nicht gelassen haben, als ob ich meine Bekantschaft mit ihm, der ganzen Welt erzählen wollte? Und was die Titulaturen anlangt; wer weiß sie nicht? Und in welchem Briefsteller findet man sie nicht? Ich habe über dieses die Erlaubniß, oder das Recht gehabt, zuweilen nur kurze, zuweilen gar keine, als vertraute Titel, zu gebrauchen. Das letzte wird man leicht aus der Sprache des Briefes selbst schliessen können. Ein guter Freund, dem ich diese Briefe zeigte, fragte mich, ob man den vertraulichen Scherz nicht übel auslegen würde, der dann und wann darinnen vorkäme. Ich habe ihm geantwortet, die Welt aus unsern Zeiten, wäre

viel

viel zu fein und zu gerecht, als daß man sie erst erinnern müßte, aus welchem Gesichtspuncte ein Scherz zu beurtheilen, oder zu vergeben wäre. Gesetzt, daß diese Antwort nicht durchgängig hinreichend seyn sollte, so ist sie doch der Ehrerbietung u. dem Vertrauen, das ein jeder Scribent der Welt schuldig ist, vollkommen gemäß.

Die Gedanken von Briefen habe ich bloß jungen Leuten zum Dienste niedergeschrieben. Es ist wahr, daß in der Schreibart auch die besten Regeln immer noch eine unzulängliche Landkarte sind; aber es läßt sich doch mit einer unvollkommenen Karte besser reisen, als mit gar keiner; und was ist zu thun, wenn keine zulängliche möglich ist? Ich hoffe auch gar nicht, daß meine Leser stets mit meiner Meynung übereinstimmen werden. Nein! Es geht mit unsern Urtheilen, spricht Pope, wie mit unsern Uhren. Keine geht mit der andern vollkommen gleich, und jeder glaubt doch der seinigen:

'Tis with our Judgments as our Watches, none Go just alike, yet each believes his own.

Ich weiß nichts mehr zu sagen, als daß ich vielleicht schon zu viel gesagt habe. Leipzig, im Aprilmonate 1751.

Praktische Abhandlung
von dem
guten Geschmacke
in Briefen.

Man braucht keine grosse Mühe, wenn man das Schöne und Schlechte in einem Briefe erklären, und noch weniger, wenn man es kennen lernen will. Man darf nur die Natur und Absicht eines Briefes zu Rathe ziehen, und einige Grundsätze der Beredsamkeit zu Hülfe nehmen: so wird man sich die nöthigsten Regeln, welche die Briefe fordern, leicht entwerfen können. Wenn man sich endlich gute Beyspiele vorlegt, untersucht, warum sie schön sind, und sich bemühet,

mühet, das Schöne davon recht zu empfinden: so wird man nicht allein seine Regeln vollständiger, sondern auch seinen Geschmack im Schreiben gewißer machen. Kennt man einmal das Schöne an einer Sache: so ist es sehr leicht, die Fehler wahrzunehmen. Unsere Empfindung sagt sie uns, und ein geschwindes Urtheil des Verstandes, das sich auf die allgemeine Regel des Schönen und Wahren gründet, mengt sich in unsere Empfindung, ohne daß wir es allemal wissen. Wir wollen uns dieser Methode bedienen, und jungen Leuten die Tugenden und Fehler der Schreibart in Briefen, aus der Natur und Absicht der Briefe und aus einigen Regeln der Beredsamkeit, aufsuchen helfen. Man wird es uns daher vergeben, wenn wir zuweilen eine Stelle aus dem Cicero, Quintilian, oder aus einem neuern Scribenten im Vorbeygehen anführen werden.

Das erste, was uns bey einem Briefe einfällt, ist dieses, daß er die Stelle eines Gesprächs vertritt. Dieser Begriff ist vielleicht der sicherste. Ein Brief ist kein ordentliches Gespräch; es wird also in einem Briefe nicht alles erlaubt seyn, was im Umgange erlaubt ist. Aber er vertritt doch die Stelle einer mündlichen Rede, und deswegen muß er sich der Art zu denken und zu reden, die in Gesprächen herrscht, mehr nähern, als einer

sorg-

sorgfältigen und geputzten Schreibart.* Er ist eine freye Nachahmung des guten Gesprächs. Wenn ich, zum Exempel, an einen großen Herrn schreibe, und ihn um etwas bitte: so kann und darf ich zwar nicht ganz so reden, als wenn ich vor ihm stünde. Allein man fasse einmal diese Bitte in einer prächtigen, oder in einer Kanzeleyförmigen Schreibart ab, so werden tausend Leute sagen, daß der Brief nicht natürlich ist, und bald mit der Antwort fertig seyn, daß man im gemeinen Leben nicht so zu reden pflegt. Der Anfang von diesem Briefe mag so heißen:

Gnädiger Herr!
Nachdem ich in Erfahrung gebracht habe, daß Ew. Hochwohlgebohrnen eines Sekretairs bedürftig sind, und ich mich zu sothaner Bedienung seit vielen verflossenen Jahren auf Schulen und Akademien bestmöglichst geschickt gemacht habe 2c.

Ein Frauenzimmer von gesundem Geschmacke, die aber gar nicht mit den Regeln der Kunst bekant ist, wird das Unnatürliche in diesem Briefe leicht fühlen. Man redet nicht so; das wird ihre Kritik seyn. Und was ist wahrer? Wenn verbindet man zween leicht zu verstehende

---

* Qualis sermo meus esset, si vna sederemus, aut ambularemus, illaboratus et facilis: tales esse epistolas meas volo, quae nihil habeant accersitum nec fictum. *Seneca.* ad *Lucil.* epist. LXXV.

hende Sätze durch ein Nachdem und So? Die Schreibart wird strotzend. Wenn sagt man im gemeinen Leben: Nachdem ich heute viermal vergebens bey ihnen gewesen bin, so will ich mir die Freyheit nehmen ‒ ‒? Die Redensart, in Erfahrung bringen, ist der Sache gar nicht gemäß. Sie bringt uns auf die Gedanken, daß sehr mühsame Nachforschungen dazu gehört haben. Sollte man nach einem solchen Eingange nicht die wichtigsten Entdeckungen vermuthen? Und es ist weiter nichts, als daß der Herr einen Sekretär braucht. Wer wird zu einem grossen Herrn sagen: Sie sind eines Sekretärs bedürftig: Das Wort, bedürftig, ist ungebräuchlich, und erweckt einen widrigen Begriff, weil es dem grossen Herrn die Unentbehrlichkeit einer solchen Person vorrückt, als der Verfasser des Briefes zu seyn glaubt, und ihn zum voraus von seinem Werthe zu benachrichtigen scheinet. Sothane Bedienung; dieses Beywort hört man in Gesprächen nicht. Seit vielen verflossenen Jahren auf Schulen und Akademien bestmöglichst ꝛc. Verflossen ist überflüßig; bestmöglichst ist durchaus fremd. Man kann also dadurch, daß man sich an die Sprache des gemeinen Lebens erinnert, die Schreibart in Briefen schon ziemlich bestimmen. Man kann dadurch wissen, wie man reden soll, wenn man vertraulich, wenn man scherzhaft, wenn man ernsthaft, wenn man ehrerbietig und mitleidig schreiben will. Allein

in Briefen.

Allein wer siehet nicht, daß wir im Briefschreiben in viele Fehler verfallen würden, wenn wir ohne Unterschied die Sprache des Umgangs nachahmen wollten? Unsere Schreibart würde oft sehr unverständlich und schmuzig, oder gezwungen, platt, weitläuftig und gemein werden, wenn wir ohne Ausnahme von bürgerlichen und häuslichen Angelegenheiten in Briefen so reden wollten, wie die Niedrigen, oder die Vornehmen, im gemeinen Leben davon zu sprechen pflegen. Hier geht also der Brief von dem Gespräche ab. Was seiner Natur nach, in der Art zu denken und sich auszudrücken, unrichtig, müßig, eckelhaft ist, das wird dadurch in einem Briefe nicht gerechtfertiget, weil es im gemeinen Leben oft gehört wird. Gesittete und geschickte Leute enthalten sich auch solcher Dinge schon im Umgange, und noch mehr wird man dieses im Schreiben zu beobachten verbunden seyn. Dem ungeachtet bleibt es dabey, daß der Scribent seine Worte aus den gesellschaftlichen Reden entlehnet. Allein es verändern sich bey den Briefen gewisse Umstände. Man hat mehr Zeit, wenn man schreibt, als wenn man spricht. Man kann also, ohne Gefahr unnatürlich zu werden, etwas sorgfältiger in der Wahl seiner Gedanken und Worte, in der Wendung und Verbindung derselben seyn. Was geschrieben ist, wird genauer bemerkt, als was man bloß hört; man muß sich daher um desto mehr hüten, durch seine Briefe einen

(GellertsBriefe.) B Eckel

Eckel zu erwecken. Dieses kann nicht besser geschehen, als wenn man das Gemeine, das Alltägliche vermeidet, das am ersten in der Rede beschwerlich wird, und wenn man sich sowohl von dem Altfränkischen als von dem Neumodischen in der Sprache gleich weit entfernet.* Man bedienet sich im Schreiben der Worte**, die in der Welt üblich sind. Allein durch die Art, wie man sie braucht, durch die Stellung und Verbindung, die man ihnen giebt, entzieht man dem Ausdrucke das Gemeine, und giebt ihm eine gewisse Zierlichkeit, die so natürlich läßt, daß jeder glaubt, er würde eben so von der Sache gesprochen haben, weil er seine Worte hört. Man redet daher nicht ohne Ausnahme so in Briefen, wie andre im Umgange sprechen. Man ahmet vielmehr ihre Sprache geschickt nach. Ich will dieses durch ein kleines Exempel erläutern. Es giebt in der Sprache des Umgangs Formeln, Glück zu wünschen, oder sein Beyleid zu bezeigen, die sehr gebräuchlich sind, und in denen man die Leute sprechen lassen muß, wenn man sie in einer Schrift redend einführen, und das Natürliche

* Ergo, ut nouorum optima (verba) erunt maxime vetera, ita veterum maxime nova. *Quinct.* L. I. c. 6.

** Non sunt alia sermonis, alia contentionis verba: neque ex alio genere ad vsum quotidianum, alio ad scenam pompamque sumuntur: sed ea nos cum iacentia sustulimus e medio, sicut mollissimam ceram ad nostrum arbitrium formamus, et fingimus *Cicer.* de Orat. L. III. p. 509. *edit. Elzev.*

liche beobachten will. Allein anstatt, daß dergleichen Formeln in Briefen natürlich lassen sollten: so werden sie vielmehr beschwerlich, wenn man sie von Wort zu Wort in die Briefe überträgt, und ihnen nicht durch einen veränderten Ausdruck eine neuere Gestalt zu geben sucht. Ich finde z. E. in einem Briefe diese Stelle: „Indessen hoffe ich, Sie werden versichert seyn, daß ich an ihrem Glücke das größte Theil nehme, und von Herzen wünsche, daß Sie nebst Ihrer Frau Gemahlin alles ersprießliche Vergnügen und Wohlergehen bis in die spätesten Zeiten geniessen mögen.„ Dieser Wunsch ist eine Formel, die man tausendmal gehört hat; aber läßt sie darum in einem Briefe natürlich, weil sie im Reden gewöhnlich ist? Nein, sie ist für den Brief zu gemein. Wenn ich schreibe: so thue ich nur, als wenn ich redete, und ich muß das Natürliche nicht bis zum Eckelhaften treiben. Man sage hingegen: „Sie können versichert seyn, daß mich Ihr Glück von Herzen vergnügt, und daß ich Ihnen und Ihrer Frau Gemahlin die größte und dauerhafteste Zufriedenheit in ihrer Ehe wünsche = =.„ Auf diese Art wird dem Wunsche das Gemeine benommen. Er ist nicht mehr in den ordentlichen Worten des Gesprächs abgefaßt: allein die Worte sind doch einzeln, ja selbst in ihrer Verbindung, üblich. Ihre Stellung scheint fremder zu seyn, als die erste; aber sie ist dem Sprachgebrauche, wel-

Von dem guten Geschmacke

welchen man in der Wortfügung niemals aus den Augen laſſen muß, immer noch gemäß, ja der ganze Period iſt dadurch kürzer und gefügiger geworden, als der erſte. Die Worte und Redensarten eines Briefes müſſen alſo im gemeinen Leben nicht ungewöhnlich, obgleich nicht die gewönlichſten, ſie müſſen gebräuchlich, aber auch gut und richtig, und nicht allein einzeln, ſondern auch im Zuſammenhange, üblich ſeyn. Wer Briefe ſchön ſchreiben will, muß nicht ſo wohl ſchreiben, wie ein jeder im gemeinen Leben redet, ſondern wie eine Perſon im Umgange ohne Zwang ſprechen würde, welche die Wohlredenheit völlig in ihrer Gewalt hätte, welche ſchön redete, ohne daß die Ausdrücke ſich von den Ausdrücken andrer ſo weit entfernten, daß der Unterſchied dem Ohre gleich merklich würde.

Um die Schreibart der Briefe noch genauer zu beſtimmen, und die Fehler zu vermeiden, die aus einer unbehutſamen Nachahmung des Geſprächs ſich in die Briefe einſchleichen können, muß man ferner auf den Inhalt der Briefe Achtung geben. Wer weiß nicht, daß die Schreibart von den Sachen abhängt, und daß ſie nur in ſo weit ſchön iſt, als ſie ſich zu den Dingen ſchickt, welche ſie vorträgt? Die meiſten Briefe ſind Verzeichniſſe von beſondern Angelegenheiten des gemeinen Lebens. Wir berichten dem andern etwas, wir bitten ihn um etwas, wir danken ihm für etwas, das ſeine Deutlichkeit ſchon bey ſich führt, ſo bald es es in üblichen und verständlichen Worten vorgetragen wird.

Wenn wir in einer geschmückten oder prächtigen Sprache von einer geringen und gemeinen Sache reden: so hat der Ausdruck kein Verhältniß, er wird unnatürlich oder abentheuerlich. Was von den Worter gilt, gilt auch von den Gedanken. Diese werden von den Sachen erzeugt. Eine bekannte oder gewöhnliche Sache, die nur erzählt und nicht ausgeführt werden will, kann mich unmöglich mit grossen, oder mit vielen sinnreichen Gedanken erfüllen. Ich will dadurch nicht sagen, daß man in seinen Briefen schläfrig denken müsse, daß man allen feinen und schönen Gedanken den Zugang verwehren müsse. Nein, man soll sich nur hüten, daß man sie nicht von weitem herholt, und mit Gewalt in seine Materie hinein zwingt. Endlich ist es nicht genug, wenn die Einfälle nicht gesucht sind, man muß sie auch mit Bescheidenheit und Sparsamkeit anbringen. Ein Brief soll eben nicht einem armseeligen Zimmer gleichen, das an allen Wänden leer ist; aber er muß auch kein pralendes Putzzimmer seyn, darinnen man eine Menge von Kostbarkeiten zum Schau ausgesetzt, die vielleicht an zehn andre Orte gehören, und welche die Aufmerksamkeit ermüden, anstatt, daß sie dieselbe bequem sättigen sollten. Gesuchte Gedanken, spitzfindige Einfälle, denen man die Mühe ansieht, die sie dem Verfaſſer gekoſtet haben, oder die Freude, die er nach ihrer Geburt empfunden, mißfallen eben ſo ſehr, als ungekünſtelte und doch feine Gedanken in Briefen gefallen. Es giebt gewiſſe Geſichter, die gar nicht blendend ſind, die keine groſſe Schönheit ankündigen, und die doch durch eine gute Mine uns ſanft einnehmen, und lange rühren. So giebt es auch gewiſſe Gedanken, die eben nicht eine groſſe Verwunderung erwecken, wenn man ſie ſiehet; die aber durch eine gewiſſe unſchuldige, oder ſchalkhafte, durch eine treuherzige, durch eine verſchämte, durch eine muntere und nachläſſige Mine gefallen. Mit dieſen kann man ſeinen Brief wohl ausputzen. Sie zerſtreuen die Aufmerkſamkeit nicht und ermüden ſie auch nicht: ſie unterhalten ſie nur. Sie entfernen ſich gleich weit von den ganz ſtarken, und von den ganz leeren Gedanken. Sie bieten ſich an, oder laſſen ſich doch, wie die Veilchen unter den Blättern, gerne finden. Wir müſſen daraus nicht ſchlieſſen, daß dieſes allemal die beſten Gedanken in Briefen ſind, die uns am erſten bey der Sache einfallen Zuweilen koſtet eben das Leichte, das Natürliche in einem Gedanken, das ſich bey ſeiner Zubereitung nicht gleich geben will, die meiſte Mühe, und gefällt doch dem Leſer am Ende aus dem Grunde, weil es keine Mühe gekoſtet zu haben ſcheinet. Man hat alle Arbeit, alle Kunſt verſteckt: Man hat den Gedanken mit dem Vorhergehenden oder Nachfolgenden

genden so zusammen gefügt, daß man glaubt, er gehöre nothwendig da hinein.

Ich muß bey dieser Gelegenheit erinnern, daß es eine Schreibart giebt, die nicht gefällt, weil sie, wenn ich also sagen darf, zu natürlich ist. Sie hat, wie das Wasser, gar keinen Geschmack. Ich meyne die Schreibart, die zwar aus sehr leichten, aber auch sehr leeren Worten und Gedanken besteht. So wenig man in einem Briefe gefällt, wenn man es merken läßt, daß man geistreich seyn will, eben so wenig gefällt man auch ohne Geist. Der Leser vergnügt sich nicht bloß deswegen an mir, weil ich leicht und bald zu verstehen bin, ich mag ihm etwas so gemeines sagen, als ich will; nein, weil ich ihm etwas Gutes um einen wohlfeilen Preiß, auf eine leichte Art sage. Er glaubt, weil ihm die Schreibart keine Mühe macht, indem sie ihm gefällt, daß sie mir auch keine gemacht habe, und dieß flößt ihm eine gewisse Hochachtung gegen mich ein, daß ich so glücklich bin, ohne Mühe so fein von einer Sache zu reden. Dieses schreibt sich vermuthlich von unserer Begierde zur Bequemlichkeit her. Und bey dieser Gelegenheit mengt sich unsere Eigenliebe heimlich in das Spiel, und beredet uns, weil alles so leicht und natürlich ist, daß wir selbst eben so gedacht und geredet haben würden, oder daß wir es dem Verfasser doch gleich thun könnten, so bald wir nur wollten. Ich will das, was ich von der unnatürlichen und gar

24 Von dem guten Geschmacke

zu natürlichen Schreibart der Briefe gesagt habe, durch einige Beyspiele zu erleichtern suchen, und auch die wahre natürliche an einem Exempel zeigen. Solche Beyspiele mit Anmerkungen lehren mehr, als alle Regeln. Ein Exempel von der unnatürlichen Schreibart wollen wir aus Neukirchs galanten Briefen nehmen, die man jungen Leuten zum Unglücke immer, als Muster* guter Briefe angepriesen hat. Es ist ein Danksagungsschreiben

---

* Man sehe die Vorrede zur siebenten Auflage des Junkerischen Briefstellers. Nichts, spricht der Verfasser, war diesem Werkchen nöthiger, als ein Vorrath guter Muster, die jungen Leuten zur Ausmunterung in der Schreibart dienen könnten. Nun hat es in dieser Art nicht leicht jemand diesem berühmten Scribenten (Neukirchen) gleich gethan; das macht, er hat diese wenige Stücke nicht den Buchhändlern vor Geld alphabetweise hingeschmiert, sondern wirklich in solchen Umständen, als darinnen vorkommen, an wahrhafte Personen abgelassen. So wird auch in der Vorrede zu des le Pays übersetzten Briefen behauptet, daß man durch nichts besser, als durch die Neukirchischen Briefe behaupten könne, daß es den Teutschen an aufgeweckten Köpfen und Vätern einer lebhaften, sinnreichen und bündigen Schreibart so wenig, als den Franzosen, fehle. + Damit meine Leser nicht denken, daß ich bloß aus Begierde zu widersprechen, so nachtheilig von Neukirchs galanten Briefen urtheile: so bitte ich sie, diese Briefe selbst zu lesen. Ich weiß wohl, daß sie von grossen Männern sind gelobet worden; allein ich zweifle, daß diese Männer sie alle gelesen haben. Vielleicht hat sie der Name verführt.

ben an den Herrn von Rauter. Neukirch redet mit einem vornehmen Hofmanne, mit seinem grossen Gönner und Wohlthäter. Er sollte also die gesetzte und ernsthafte Sprache der Dankbarkeit und Ehrerbietung reden. Ein Client, der mit seinem Gönner spricht, kann seine Gnade zwar loben; aber er muß es bescheiden thun, und die Lobsprüche nicht übertreiben. Er soll ihm die Empfindung der Dankbarkeit auf eine lebhafte Art zu erkennen geben; aber er soll sie nicht auf das Possierliche und Abentheuerliche treiben. Der Brief heißt so:

Hochwohlgebohrner Herr ꝛc.

Wenn ich so verschwenderisch mit Worten, als Ew. Excellenz mit Wohlthaten wäre, so würde ich schon nichts mehr haben, womit ich mich für Dero heutige Gnade bedanken könte. Allein Sie werden dadurch nichts ärmer; denn Sie haben alle Augenblicke neues Vermögen, mir Gutes zu thun; da ich hergegen oft acht Tage sinne, ehe ich nur eine Redensart finde, welche sich entweder zu Beschreibung Dero grossen Gemüths, oder zur Ausbildung meiner unterthänigsten Erkentlichkeit schicket. Ich habe mir zwar vielmal fürgenommen, meine Gedanken auf einmal auszuschütten, und alles, was ich von Ew. Excellenz bishero empfangen, in eine einzige Lobschrift zu fassen: Aber nachdem ich den ganzen Plinius gelesen, und alle Schmeichelgedichte

dichte der alten und heutigen Poeten durchstankert, so habe ich allererst gesehen, daß Ew. Excellenz Ihres gleichen noch nicht gehabt, und daß Dero neue und ungemeine Gemüthsart, auch neue und ungemeine Formeln erfordert. Nun wollte ich mich auch hierum wohl bemühen: Allein ich fürchte, je mehr ich sage, je mehr werde es die Welt für Lügen halten, weil sie doch unmöglich glauben kann, daß Ew. Excellenz dieses alles an einem einzigen, und zwar fremden, Menschen erweisen. Ich thue also viel vernünftiger, wenn ich schweige. Ew. Excellenz kennen mein Herz, und finden alle Buchstaben darinnen, welche zu einer Rede vonnöthen seyn. Sie machen sich Ihr Loblied selber, und seyn zufrieden, daß ich mit unterthänigsten Respect bewundere, was ich doch nicht anders vergelten kann, als daß ich mich nenne

Ew. Excellenz

unterthänigen und gehorsamsten Knecht.

Wir wollen diesen Brief stückweise durchgehen, und ihn sowohl in Ansehung des Ausdrucks, als der Gedanken und der ganzen Einrichtung beurtheilen: „Wenn ich so verschwen-„derisch mit Worten, als Ew. Excellenz mit „Wohlthaten wäre, so würde ich schon nichts „mehr haben, womit ich mich für Dero heuti-„ge Gnade bedanken könnte.„ Wenn dieser Gedanke auch nicht unter diejenigen Spitzfindigkei-

digkeiten gehörte, welche Anfangs mit der Mine des Witzes schmeicheln, und wenn man sie untersucht, zum Lachen bewegen *: so würde er doch des Ausdrucks wegen vortreflich seyn. Welche Klugheit, einem grossen Herrn zu sagen, daß er mit seinen Wohlthaten verschwenderisch ist! Und wenn nun auch Neukirch so verschwenderisch mit Worten wäre, als sein Gönner, nach seiner Meynung, mit Wohlthaten ist, würde er sich denn deswegen heute nicht mehr bedanken können? Kann man denn die Worte nicht wieder gebrauchen, die man einmal gebraucht hat? Kann man sich nicht mehr bedanken, wenn man sich zwanzigmal bedankt hat? Kein Gedanke ist natürlich, der im Grunde falsch ist. Neukirch begehet noch einen Fehler. Indem er den Gegensatz von der Verschwendung mit Worten und Wohlthaten macht: so sagt er nicht allein dem Herrn von Rauter eine Grobheit, sondern er lobt sich auch selbst, daß er haushältiger auf seiner Seite ist. Er fährt fort: „Allein Sie werden da-
„durch nichts ärmer; denn Sie haben alle
„Augenblicke neues Vermögen, mir Gutes zu
„thun; da ich hergegen oft acht Tage sinne, ehe
„ich nur eine Redensart finde, welche sich ent-
„weder zu Beschreibung Dero grossen Ge-
„müths

* Minimis etiam inuentiunculis gaudent, quae excussae risum habent, inventae facie ingenii blandiuntur. *Quintil.* VIII. 5.

„muths oder zur Ausbildung meiner unterthä-
„nigsten Erkenntlichkeit schickt.„ Man siehet
nicht, wie das Allein hier bindet. Der ganze
Period soll eine Erklärung des Vorhergehenden
seyn, und zugleich eine Rechtfertigung. Sie
werden dadurch nichts ärmer. Das dadurch
ist undeutlich. Man muß grossen Herren nichts
von arm werden vorsagen. Wenn der Herr
von Rauter alle Augenblicke neues Vermögen
hat, Neukirchen Gutes zu thun, welches doch
eine schreckliche Hyperbole ist: so verringert
Neukirch eben dadurch die Grosmuth seines
Gönners. Das ist ja eben nichts grosses,
wenn ich nichts thue, als daß ich mich des Ver-
mögens, wohl zu thun, entschütte, das mir
alle Augenblicke zufließt. Allein Neukirch
brauchte die Augenblicke, um sie den Tagen
entgegen zu setzen, da ich hergegen oft acht
Tage sinne, ehe ich nur eine Redensart
finde, welche u. s. w. Ein jeder frage sich
selbst, ob er, ohne roth zu werden, dieses zu
seinem Gönner sagen könnte? Ein Tag zu einer Redensart, das wäre schon ausschweifend;
aber acht Tage, das ist gar nicht auszustehen.
Der Herr von Rauter hätte dieses Bekennt-
nisses wegen Neukirchen seine Gnade entziehen
sollen. Einem Clienten, der acht Tage sinnen
muß, ehe er zur Beschreibung meines grossen
Gemüths, und zur Ausbildung seiner
unterthänigsten Erkenntlichkeit eine Redensart finden kann, dem gebe ich nichts mehr.

Ich

Ich fürchtete mich, daß ich's zu verantworten hätte, wenn er um meinetwillen ferner die Zeit verderbte. Doch der Verfasser will dadurch sagen, daß es sehr schwer ist, den Herrn von Rauter würdig zu loben. Das kann seyn; aber er hat es sehr unnatürlich gesagt. Er macht sich zu einem armseeligen Pedanten, um die Großmuth des Gönners unbeschreiblich zu machen. Ueber einem Lobgedichte acht Tage zubringen, das ist keine Schande. Aber sich von einem Manne müssen loben lassen, der acht Tage Zeit zu einem Ausdrucke braucht, das ist wirklich eine. Die Ausbildung der Erkenntlichkeit, ist eine gesuchte und undeutliche Redensart. Was heißt seine Erkenntlichkeit ausbilden? Sie vollständiger und vollkommener in seinem eignen Herzen machen, nicht aber sie durch Worte zu erkennen geben. „Ich habe „mir zwar vielmal fürgenommen, meine Ge- „danken auf einmal auszuschütten = =„ das ist sehr unverschämt mit dem Herrn von Rauter gesprochen. Ausgeschüttete Gedanken sind kein grosses Geschenke. Der Lobspruch, der unmittelbar folgt, ist die größte Beleidigung für einen bescheidenen Mann. Einem gerade zu unter die Augen sagen, daß seines gleichen noch nicht in der Welt gewesen ist, und zwar von der Seite des guten Herzens her, das ist etwas schreckliches. Ein Client verräth bey einem solchen Machtspruche einen erstaunenden Stolz. Er rühmt sich gleichsam, die Verdienste aller

andern

andern so genau zu kennen, daß er den Ausspruch thun kann, wer der größte sey. Gesetzt, daß er nach seinen Gedanken Recht hätte: so muß ers doch mit Bescheidenheit sagen. Er setzt sonst zum voraus, daß sich sein Gönner gerne loben läßt, und das ist doch eben keine Schmeicheley. Endlich kann der Gönner auf so einen Lobspruch, wenn er auch aufrichtig wäre, doch nicht stolz werden. Wer macht ihm denn den Lobspruch? Ein Mensch, der von seinen Wohlthaten eingenommen, der eben deswegen schon partheyisch ist, der sich neue Gunstbezeugungen erkaufen will, und der sich endlich aus Bescheidenheit das Recht nicht anmassen sollte, die Verdienste seines Gönners mit so großem Geräusche zu bestimmen. ,,Aber nachdem ich den ganzen ,,Plinius gelesen, und alle Schmeichelgedichte ,,der alten und heutigen Poeten durchstankert, ,,so habe ich allererst gesehen, daß Ew. Excellenz ,,Ihres gleichen noch nicht gehabt, und daß ,,Dero neue und ungemeine Gemüthsart auch ,,neue und ungemeine Formeln erfordert.,, Die ganze Stelle ist wunderbar. Was heißt der ganze Plinius? Vermuthlich seine Lobrede auf den Trajan. Also ist ein Trajan nichts gegen den Herrn von Kauter? Er hat alle Schmeichelgedichte durchstankert. Durchstankern ist ein unflätiges Wort. Und warum Schmeichelgedichte? Hat er denn seinem Gönner auch Schmeicheleyen sagen wollen? Ihres gleichen ist ein zu vertraulicher Ausdruck.

druck. Wer sagt im Ernste, der Mann hat eine ganz neue Gemüthsart? Und warum erfordert seine neue und ungemeine Gemüthsart blos neue und ungemeine Formeln? Scheint es doch, als wenn der Verfasser die Formeln und Redensarten für nöthiger zu einer Lobrede hielte, als die Gedanken. Um sich von dem Unnatürlichen dieser Sprache zu überzeugen: so mache man aus dieser Stelle ein Compliment. Wenn ich zu einem grossen Herrn ins Zimmer träte, und anfienge: Gnädiger Herr, Sie haben mir eine neue und ungemeine Wohlthat erwiesen, die auch neue und ungemeine Formeln erfordert, u. s. w. würde er nicht glauben, daß ich mich für seine Wohlthät betrunken hätte? „Nun wollte ich mich auch hierum „wohl bemühen; allein ich fürchte, je mehr „ich sage, je mehr werde es die Welt für Lügen „halten, weil sie doch unmöglich glauben kann, „daß Ew. Excellenz dieses alles an einem einzi„gen und zwar fremden Menschen erwiesen.„ Hier ist erstlich der Zusammenhang dieses Perioden und des vorigen unnatürlich. Er hat von der neuen und ungemeinen Gemüthsart des Gönners geredet. Nun sagt er, die Welt würde das Lob derselben für Lügen halten. Warum? weil sie nicht würde glauben können, daß er alle diese Wohlthaten einer einzigen Person erwiesen. Man erwartet natürlicher Weise ganz was anders. Er redet itzt von seiner Dankbarkeit, und unmittelbar zuvor war die Rede

von

von den Rauterschen Verdiensten. Bestehet denn das ganze Verdienst, warum der Herr von Rauter besser ist, als alle übrige Sterblichen, bloß darinnen, daß er Neukirchen viele Wohlthaten erwiesen hat? Er gestehet, daß er sich endlich wohl um Formeln bemühen wollte. Warum um Formeln? Mit dem Worte Lügen muß man grosse Herren verschonen. Er fährt fort: „Ich thue also viel vernünftiger, wenn ich schweige.„ Ist dieses nicht der schönste Gedanke in dem Briefe, so ist es doch der wahreste. „Ew. Excellenz „kennen mein Herz, und finden alle Buchsta= „ben darinnen, welche zu einer Rede vonnö= „then seyn. Sie machen sich Ihr Loblied „selber, und seyn zufrieden, daß ich mit un= „terthänigstem Respect bewundere, was ich „doch nicht anders vergelten kann, als daß „ich mich nenne Ew. Excellenz unterthänigen „und gehorsamsten Knecht.„ Nachdem der Verfasser in dem ganzen Briefe mit seinem Gönner pedantisch complimentiret hat, so wird er am Ende auf einmal vertraut mit ihm. Der Herr von Rauter kennt sein Herz, und findet alle Buchstaben darinnen, welche zu einer Rede nöthig sind. Es ist beynahe unmöglich, daß einem bey dem Herzen nicht der Schriftkasten, und der Herr von Rauter, als ein Setzer einfallen sollte, der sich sein Loblied selber macht. Erst hat er nur von Worten, Redensarten und Formeln geredet, itzt treibt er die Bescheidenheit

noch

noch höher, und spricht, daß nur die blossen Buchstaben zu einer Rede in seinem Herzen fertig liegen. Wenn dieses kein falscher Gedanke ist, so muß gar keiner möglich seyn. Was sind Buchstaben im Herzen? Wie kann man sie sehen? Soll der Gedanke einen Verstand haben, so muß er so viel heissen: Sie kennen mein Herz, und wissen, daß ich alle die Empfindungen habe, die zu einer aufrichtigen Danksagung, nicht aber zu einer Rede überhaupt, nothig sind. Auf diese Art beziehet sich der Gedanke nur auf die Danksagung, und nicht auf die Lobrede, und er will doch auf beydes anspielen. Sie machen sich ihr Loblied selber: eine grobe Schmeicheley! Und seyn zufrieden, daß ich mit unterthänigstem Respect bewundre, was ich doch nicht anders vergelten kann, als daß ich mich nenne ꝛc. Der Schluß ist eben so spitzfindig, wie der Anfang. Vergilt er dadurch die Wohlthaten, daß er sich des Herrn von Rauters Knecht nennet? Wären sie vergolten, wenn sie Neukirch in einem Gedichte gelobt hätte? Der ganze Brief ist unnatürlich. Die Gedanken sind frostig, kindisch und falsch. Der Zusammenhang, oder die Art, wie er von einem auf das andre kömmt, ist gezwungen. Der Ausdruck ist niedrig, schmutzig und undeutlich. Die meisten von den Neukirchischen galanten Briefen können zu Mustern dienen, wie ein Brief nicht beschaffen seyn muß, wenn er natürlich seyn soll.

(Gellerts Briefe.)　　C　　Der

Der erste Begriff, den wir mit dem Natürlichen, insbesondre in Briefen, zu verbinden pflegen, ist das Leichte; dieses entsteht aus der Richtigkeit und Klarheit der Gedanken, und aus der Deutlichkeit des Ausdrucks.* Allein ich habe schon erinnert, daß dieses nicht genug ist. Wenn das blosse Verständliche und Deutliche, in so weit es dem Dunkeln und dem Schwülstigen entgegen gesetzt ist, eine Schreibart schon machte: so wäre nichts leichter, als gute

---

* Man schreibet, damit man verstanden werde, und nicht allein, damit man verstanden werde, sondern daß uns der Leser auch gewiß, bald, und ganz verstehe. Man muß also alles vermeiden, was der Deutlichkeit der Schreibart schaden kann, unverständliche oder verlegene Worte oder solche Worte, die zwar gebräuchlich sind, denen wir aber andere Begriffe geben, als sie im gemeinen Leben haben, oder die sonst zweydeutig sind; unrichtige Wortfügungen, weitschweifige und ungeheure Perioden, oder gar zu oft und zur Unzeit abgerißne Sätze. Cicero lehrt uns dieses im dritten Buche vom Redner: Neque vero in illo — — diutius commoremur, ut disputemus, quibus rebus assequi possimus, ut ea, quae dicamus, intelligantur: Latine scilicet dicendo, verbis usitatis, ac proprie demonstrantibus ea, quae significari ac declarari volumus sine ambiguo verbo aut sermone, non nimis longa continuatione verborum — — non discerptis sententiis, non praeposteris temporibus, non confusis personis, non perturbato ordine. Die Worte und Wortfügungen können endlich gut und richtig seyn, und man kann doch noch in seinem Vortrage dunkel und räthselhaft werden, wenn man zu viel oder zu wenig Worte

gute Briefe zu schreiben. Wer wird von gewöhnlichen Dingen nicht deutlich und verständlich schreiben können? Doch deswegen, weil einer keine Fehler in seiner Sprache begeht, schreibt er noch nicht schön. Und niemand wird einen darum loben, weil er so geredet hat, daß die Anwesenden seine Meynung haben verstehen können; sondern man verachtet den, der es nicht thun kann*. Der Hauptbegriff von dem Natürlichen ist, daß sich die Vorstellungen genau zur Sache, und die Worte genau zu den Vorstellun-

te macht; gewisse Umstände verschweigt, die zur Sache gehören, oder alle Kleinigkeiten berührt; nichts das erste, nichts das andre seyn läßt, oder bald von diesem, bald von jedem redet. Diese Fehler im Schreiben zu vermeyden, wird eine gewisse Uebung erfodert. Man findet oft Leute, die mündlich eine Sache ganz deutlich vortragen, und die undeutlich werden, so bald sie davon schreiben. Im Reden waren sie unbesorgt, und sich selbst überlassen, darum glückte es ihnen Im Schreiben geben sie auf sich Achtung, und weil sie besser schreiben wollen, als sie reden, und aus einem Mangel der Uebung unge-wiß in der Wahl des Ausdrucks sind: so verfallen sie in das Weitläuftige, und werden undeutlich, weil sie alles umschreiben, und kostbar sagen wollen. Est etiam in quibusdam turba inanium verborum, qui, communem loquendi formam reformidant, ducti specie nitoris, circumeunt omnia copiosa loquacitate, quae dicere volunt. *Quinct.* VIII. 2.

* Nemo extulit eum verbis, qui ita dixisset, ut, qui adessent, intelligerent, quid diceret, sed contemsit eum, qui minus id facere potuisset. *Cicer. de Orat.* L. III. p. 463. *ed. cit.*

stellungen schicken müssen. Man muß endlich das Natürliche nicht bloß in Worten und in den einzelnen Gedanken eines Briefes, sondern in dem Ganzen, in dem Zusammenhange der Gedanken unter einander, suchen. Wenn die Gedanken aus einander herzufliessen scheinen; wenn keiner fehlt, der zum Verstande nothig ist, wenn einer da steht, der zu nichts dienet, der entweder dem andern kein Licht mittheilet, oder ihn nur verdunkelt, oder der zwar schlußweise zusammenhängt, den wir aber leicht selber denken können, und deswegen in der Reihe auszulassen pflegen; wenn dieß ist: so heißt der Zusammenhang in der Schreibart und in Briefen natürlich. Man wird also bey dem Natürlichen nicht bloß mit dem Leichten zufrieden seyn müssen, sondern immer noch nöthig haben, eine Wahl in denen Gedanken zu treffen, welche sich hieher am besten schicken, welche die Sache nicht allein am deutlichsten, sondern auch am feinsten, am kürzesten, am lebhaftesten ausdrücken können. Dieß, dieß ist das grosse Verdienst der natürlichen Schreibart! Nicht alles, was leicht ist, gefällt deswegen, weil es leicht und verständlich ist, sonst müßte die matte Schreibart am meisten gefallen. Es giebt vielmehr tausend schöne und edle Gedanken, bey denen der Leser fühlt, daß er sie nicht würde gehabt haben, die ihn sogar einige Mühe, sie zu verstehen, kosten; nichts destoweniger gefallen sie ihm. Er bewundert ihre Richtigkeit, und sieht, daß sie

dem

dem andern in seiner Art zu denken, natürlich gewesen sind, ob sie gleich ihm selber nicht natürlich sind. Wenn ich sage: ich bin alt, deswegen kann ich nicht mehr schreiben; so ist nichts leichter, nichts verständlicher. Aber wird dieses Leichte darum gefallen? Wenn ich hingegen mit dem Corneille * sage:

> Pour bien écrire encore j'ai trop long-tems écrit.
> Et les rides du front passent jusqu'à l'esprit.

„Um noch gut zu schreiben, habe ich zu lange „geschrieben, und die Runzeln meiner Stirne „erstrecken sich bis auf meinen Witz:„ wenn ich dieses sage: so scheint der Gedanke nicht mehr so natürlich zu seyn, als der erste; und er ist doch eben derselbe, und rührt mich mehr, als der erste. Ob nun gleich ein Brief der scharfsinnigen und grossen Gedanken nicht sehr fähig ist: so verträgt er doch lebhafte Gedanken. Dieses lebhafte besteht oft in der Art, Gedanken vorzustellen; darinnen, daß man ihm durch die Aussicht, in der man ihn sehen läßt, eine gewisse Neuheit giebt. Man nehme den gemeinen Gedanken: Die Frauenzimmer brauchen viel Zeit, ehe sie mit einer Sache zu Stande kommen. Er ist natürlich; aber er ist darum nicht lebhaft. Die Begriffe sind allgemein. Man bestimme aber die Zeit, man bezeichne die Art und Weise, die Ursachen: so wird

---

* Oeuvres diverses de *Pierre Corneille*, à Amsterdam 1750. pag. 84.

wird der Gedanke sinnlicher, und deswegen lebhafter. Man sage z. E. nach der Art des Terenz:

Dum moliuntur, dum comuntur, annus est.

„Indem sie etwas thun wollen, indem sie sich „putzen, vergehet ein Jahr.„ Hier bekömmt unsre Einbildung etwas zu thun. Sie sieht die Hände der Schönen gleichsam beschäftigt; sie stellt sich den Putz der Frauenzimmer vor. Der verwegene Ausdruck, es vergeht ein Jahr, rührt uns durch seine Kühnheit, und gefällt uns, weil er uns mehr zu denken giebt, als das Unbestimmte einer langen Zeit. Aber die Kürze, in die der Gedanke eingeschlossen ist, trägt auch viel zu seiner Lebhaftigkeit bey. Man dehne ihn aus einander, so wird er seinen Werth verlieren. Man sage: Ehe die Frauenzimmer mit ihren Haaren fertig werden, ehe sie jedes durch die Musterung gehen lassen, und den Puder recht gleich darauf streuen, ehe sie das Nachtzeug anstecken, und die Bänder knüpfen: so kann leicht ein ganzes Jahr vorbey streichen. Das heißt den Gedanken nicht lebhafter machen; das heißt ihn schwächen. Ich konnte dieses alles bey dem moliuntur und comuntur selbst denken. Deswegen dachte ich in wenig Worten viel, und darum gefiel mir der Gedanke. Wenn also eine Schreibart aus vielen Gedanken, die bloß verständlich sind, besteht: so kann sie matt werden; wenn sie aus

müßi-

müßigen uud solchen Gedanken besteht, die wir leicht von uns selbst hinzu setzen können: so wird sie langweilig und weitläuftig. Eben dieses kann entstehen, wenn ich lebhaften Gedanken nicht ihre gehörigen Schranken gebe, wenn ich ihren Umkreis zu groß mache, alles was zu ihnen gerechnet werden kann, sehen lasse; oder wenn ich nicht die besten, die richtigsten, die abgemessensten Worte wähle; das heißt, solche, die die Begriffe der Sache am geschwindesten und stärksten erwecken können. Dieses ist nicht die gute natürliche, sondern die zu natürliche Schreibart, die platte. Sie ist freylich deutlich; aber man schläft bey ihrer Deutlichkeit ein. Richtig und deutlich reden, ist ein geringes Verdienst, und heißt mehr von Fehlern frey seyn, als eine grosse Tugend in sich haben. Und wie der Leib, wenn er seine Dienste verrichten soll, nicht allein gesund, sondern auch lebhaft und stark seyn muß: so muß gleichfalls die Rede, und sogar die Rede der Briefe nicht allein nicht krank seyn, sondern auch eine natürliche Kraft und Stärke haben. Ich will die Sache durch ein kleines Exempel erklären, darinnen ein Freund dem andern vorwirft, daß er ihm lange nicht geschrieben.

Werthester Freund!

Da Sie so lange nicht an mich geschrieben haben, und ich beynahe nicht mehr weis, was ich denken soll; so habe ich geglaubt, ich müßte Sie um um die Ursache Ihres langen Stilleschweigens fragen, ob ich Sie vielleicht dadurch bewegen könte, mir meinen Zweifel zu benehmen, und an mich zu schreiben. Ich möchte beynahe sagen, daß ich böse auf Sie wäre. Aber vielleicht sind Sie zeither nicht in Leipzig gewesen, oder durch viele Arbeiten am Schreiben verhindert worden, denn das will ich nicht hoffen, daß Sie eine Krankheit abgehalten haben solte, mich Ihres Andenkens zu versichern. Ich befinde mich, dem Himmel sey Dank! auf meinem Landgute, wo ich zuweilen studire, und mich zuweilen auf allerhand Art erlustige, noch wohl. Ich erwarte Ihre baldige Antwort, und bin ꝛc.

Ist dieser Brief nicht deutlich? Die Worte sind verständlich, und üblich, und grammatisch richtig. Die Gedanken sind leicht, und von der Sache hergenommen. Der Zusammenhang ist nicht gezwungen. Er hat also in Ansehung der Deutlichkeit keinen Fehler; aber die Abwesenheit offenbarer Fehler erzeuget noch keine Schönheiten. Er ist so deutlich, daß er matt und langweilig wird. Seine Klarheit entsteht aus dem Leeren. Ein Kraut mit drey oder vier Blätterchen kann freylich mit dem Auge leichter übersehen werden, als ein Ast, an dem Zweige voller Blüten oder Früchte hangen. Der ganze Brief könnte lebhafter, und doch eben so deutlich seyn, als er ist; er hätte nur mit einer freyern Art abgefaßt werden dür-

dürfen. Will man sehen, wie viel die Art, eine Sache zu sagen, dem Briefe hilft, und worinnen sie besteht: so halte man einen Brief des Plinius von eben diesem Innhalte gegen den ersten. Er schreibt so an seinen Freund Plinius *:

Ich bin böse, ohne recht zu wissen, ob ichs seyn soll; aber genug, ich bin böse. Sie wissen, daß die Liebe zuweilen unbillig, oft ausschweifend, und allezeit bey Kleinigkeiten empfindlich ist. Doch meine Ursache ist groß genug; nur weis ich nicht, ob sie billig ist. Indessen thue ich, als ob sie nicht weniger billig, als groß wäre, und bin sehr böse auf Sie, daß Sie mir so lange nicht geschrieben haben. Sie können mich durch ein Mittel wieder gut machen, nemlich wenn Sie mir wenigstens nunmehr oft und recht viel schreiben. Dieses will ich allein für eine wahre Entschuldigung gelten lassen, die übrigen nehme ich nicht an. Ich war nicht in Rom, ich hatte viel zu thun, das werde ich gar nicht

* S. den zweyten Brief des zweyten Buchs. Ich habe so wohl in diesem, als in dem bald folgenden Briefe des Cicero, das lateinische Du durch unser Sie ausgedruckt. In einer ganzen Uebersetzung würde ichs schwerlich wagen; allein bey einem einzelnen Briefe, den ich aus beyden, als ein Exempel anführe, schien mir das Sie nöthig zu seyn, um die Aehnlichkeit der alten und unserer Briefe fühlbar zu machen, und den Leser geschwinder zu überzeugen, daß die Regeln eines guten Briefes allezeit eben dieselben gewesen sind.

nicht anhören; und ich war krank, das wolle der Himmel nicht! Ich, mein lieber Paulin, lebe auf dem Land, und ergötze mich zuweilen durch Studiren, zuweilen auch durch Müßiggang. Beydes habe ich der Ruhe von öffentlichen Geschäften zu danken. Leben Sie wohl.

Dieser Brief ist unstreitig besser, als der erste, und man kann leicht sehen, warum. Er ist lebhafter und völliger. Er hat mehr Gedanken; und die Gedanken, die beyde Briefe mit einander gemein haben, sind in diesem besser geformt, darum ist er feiner. „Sie können „mich nicht anders wieder gut machen, als „wenn Sie mir nunmehr oft und recht viel „schreiben. Dieses wird mir die beste Ent- „schuldigung seyn, alle andre werde ich ver- „werfen = = „ Von diesen Einfällen weiß der erste Brief nichts. Beyde reden vom böse seyn. Der erste spricht: Ich möchte beynahe auf Sie böse seyn, nachdem er einen wortreichen Eingang vorher geschickt, und eine grosse Zubereitung zu einem sehr gewöhnlichen Gedanken, den er noch dazu durch ein beynahe schwächt, gemacht hat. Der andre kehrt es um. Er fängt mit dem böse seyn an, ohne die Ursache zu sagen. Dieses ist nicht allein natürlicher, sondern der Gedanke erweckt auch mehr Aufmerksamkeit. Der erste Brief macht einen Einwurf wider das böse seyn. Der andre auch. Jener sagt gerade zu, „aber vielleicht sind Sie „zeit-

„ zeither nicht in Leipzig gewesen, oder durch
„ viele Arbeiten am Schreiben verhindert wor=
„ den; denn das will ich nicht hoffen, daß Sie
„ eine Krankheit sollte abgehalten haben, mich
„ Ihres Andenkens zu versichern.„ Dieser
betrachtet den Einwurf auf einer andern Seite.
Er macht aus Höflichkeit noch eine Frage dar=
aus, ob er Recht habe, bose zu seyn, daß der
andre so lange nicht an ihn geschrieben. Er ist
zu bescheiden, daß er sein Recht nur auf die
Pflicht des andern, an ihn, als seinen Freund,
zu schreiben, gründen sollte. Er läßt seinen klei=
nen Zorn nicht bloß aus dem langen Still=
schweigen seines Freundes entstehen. Er recht=
fertiget ihn erst durch die Natur der Liebe.
Dieser nimmt also mehr an der Sache wahr,
als jener, und giebt dadurch seiner Vorstellung
mehr Leben. Man könnte zwar fragen, ob
man überhaupt so behutsam mit seinen Freun=
den reden sollte, und ob dieses nicht schon zu ge=
künstelt wäre. Mich deucht, Plinius, dessen
Briefen man die Mühe und das Studirte
schon leicht ansiehet, ist hier nicht zu weit ge=
gangen. Nur die Sentenz: Scis, quam sit
amor iniquus interdum, impotens saepe,
μικραίτιος semper, scheint mir zu gepußt zu
seyn. Das interdum, saepe, semper, ist ohne
Zweifel gesucht. Indessen ist die Stelle im La=
teinischen nicht so beleidigend, weil sie kürzer
ausgedruckt ist, als im Deutschen geschehen
kann, und deswegen nicht so lehrermäßig klingt.

Wenn

44 Von dem guten Geschmacke

Wenn man das mittelste Glied wegnimmt, so wird sie nachläßiger. Die Entschuldigungen vom verreist seyn, vom krank seyn, weis Plinius weit lebhafter vorzutragen. Er läßt seinen Freund selbst reden: Non sum auditurus, non eram Romae, vel occupatior eram. Der Schluß in seinem Briefe ist ungleich stärker, als der Schluß des andern. Wir wollen noch einen Versuch machen. Ich will einem Freunde sagen, daß mir seine Abwesenheit sehr schwer fällt; und daß ich mich über die Bekanntschaft erfreue, in die er mit einem gewissen gelehrten Manne gekommen ist.

„Sie haben mir letztens gemeldet, daß es Ih„nen nicht recht in Holland bey dem Herrn Ge„neral gefallen wollte; Dieses war mir nicht lieb. „Um desto angenehmer ist mirs, da ich nunmehro „erfahre, daß es Ihnen besser da gefällt, und „daß Sie itzt über meine Empfehlung, die ich „ihnen an den Herrn General überschickt, zufried„ner sind, als Anfangs. Gleichwohl kann ich „nicht läugnen, daß ich zuweilen wünsche, es „möchte Ihnen weniger da gefallen, damit ich „das Vergnügen hätte, Sie eher wieder zu se„hen, und mich zu überreden, daß Ihnen ohne „mich nichts recht angenehm seyn könne. Doch „ich will das Verlangen nach Ihnen gern ertra„gen, wenn Sie nur das Glück, das ich hoffe, in „Holland machen. Ueber die vertrauliche Be„kanntschaft, die Sie mit dem gelehrten Herrn
„N. ge-

„N. gemacht haben, erfreue ich mich von Herzen.
„Erwerben Sie sich ja seine Liebe vollkommen.
„Leben Sie wohl.„

Dieser Brief scheint ziemlich natürlich zu seyn. Wer indessen wissen will, ob er nicht noch natürlicher, ob er nicht lebhafter, und in einer vertraulichern Sprache hätte abgefaßt werden können, der höre den Cicero in eben diesem Falle reden. Er schreibt an den jungen Trebatius, den er sehr liebte, und der damals bey dem Cäsar war, dem er ihn oft empfohlen hatte. Trebatius sehnet sich im Anfange sehr wieder nach Rom zurück. Ich will den Brief so zu übersetzen suchen, daß das Eigentliche der deutschen Sprache nichts dabey leiden soll *.

Wieder ein Beweiß, wie uneins Leute mit sich selber sind, die lieben! Anfangs war ich unzufrieden, daß es Ihnen bey dem Cäsar nicht gefallen wollte; nun kränkt michs, daß es Ihnen da gefällt. Ich konte es nicht leiden, daß Sie über meine Empfehlung an den Cäsar kein größeres Vergnügen hätten, und nun thut es mir wehe, daß Ihnen etwas ohne mich angenehm ist. Doch lieber mag mich die Sehnsucht nach Ihnen beunruhigen, als daß Sie das, was ich hoffe, nicht erlangen sollten. Ueber Ihre Freundschaft mit dem liebenswürdigen und gelehrten Maurius habe ich ein unbeschreibliches Vergnügen.

* S. den 15ten Brief des siebenten Buchs.

gen. Machen Sie ja, daß er Sie recht sehr lieben muß. Sie können nichts schöners aus dieser Provinz zurückbringen, als seine Freundschaft; glauben Sie mirs! Leben Sie wohl.

In dem Vortrage dieses Briefes ist weit mehr Natur, als in dem ersten, und weit mehr Beredsamkeit. Die Einfalt und Richtigkeit der Gedanken lehrt uns, daß Cicero ohne Kunst sein Herz hat reden lassen, und daß er an nichts gedacht, als dem Trebatius seine Liebe zu zeigen. Ein Gedanke reicht dem andern freywillig die Hand. Der Ausdruck ist so einfältig, als die Gedanken sind, und eben so gefällig, weil er richtig, und nicht weiter, oder enger ist, als die Vorstellung es erfodert. Man mache, daß sich die Gedanken nicht mehr so genau berühren, und setze Zwischengedanken hinein; man nehme den Sätzen ihre Kürze, und suche sie ausführlicher, durch mehr Ideen, oder mehr Worte, zu machen; man nehme endlich dem Briefe in dem Lateinischen den Ausdruck, und gebe ihm einen andern, sogleich wird die Schönheit dieses Briefes verschwinden. Rollin hat das Verdienst der Ciceronischen Briefe vortreflich bestimmt*.

---

* Ses Lettres peuvent nous donner une juste idée du stile epistolaire. Il y en a de pur compliment, de remerciment, de louange. Quelquesunes sont gaies et enjouées, où il badine avec esprit

Man kann einen Brief, als ein Ganzes, betrachten, und alsdann bestehet das Verdienst, desselben, wie ich schon erinnert habe, in dem Zusammenhange und der Vollständigkeit seiner Theile. Wenn ich einen Brief schreibe: so habe ich den Inhalt schon, und ich bin nicht so wohl bekümmert, was ich dem andern sagen will, als wie ich ihm sagen will; in was für einer Ordnung, und wie ich die Sätze, aus welchen meine Meynung bestehet, ausfüllen, und an einander hängen werde; wie ich anfangen,

esprit : d'autres graves et serieuses, ou il examine des questions importantes : dans d'autres il traite des affaires publiques ; et celles là ne sont pas à mon sens les moins belles. Celles, par exemple, où il rend compte, d'abord au Sénat et au Peuple Romain, puis en particulier à Caton, de la conduite, qu'il a gardée dans le gouvernement de sa province, sont un parfait modèle de la netteté de l'ordre, et de la precision, qui doivent regner dans des memoires et dans des relations : et l'on doit sur tout y remarquer la maniere adroite et insinuante, qu'il emploie pour se concilier les bonnes graces de Caton — Sa fameuse lettre à Lucceius, ou il le prie d'écrire l'histoire de son Consulat, sera toujours regardée avec raison comme un monument éclatant de son éloquence, aussi bien que de sa vanité. J'ai parlé ailleurs de la belle lettre, qu'il écrivit á son Frere Quintus, où toutes les graces et toutes les finesses de l'art sont mises en usage. *De la maniere d'enseigner et d'etudier les Belles-Lettres.* Tome III. à Amsterd. 1736. p. 105. etc.

gen, wie ich fortfahren und schließen werde. Wir reden also nunmehr von der Form eines Briefes. In was für einer Ordnung soll er abgefaßt werden? Gehört eine gewisse abgemessene Eintheilung zu einem Briefe? Giebt es eine gewisse Kunst oder verschiedene Methoden, nach welchen alle Materien in Briefen können vorgetragen, und mit einander verbunden werden? Man darf nur an das denken, was ein Brief ist: so wird man sich diese Fragen leicht beantworten können. Man darf nur an die Ordnung denken, die man beobachtet, wenn man im Umgange von solchen Dingen spricht, die man in einem Briefe vortragen will. Man bedienet sich im Umgange keiner weitläuftigen Eingänge. Man fängt bald von der Sache an. Man setzt gemeiniglich das, was in der Sache das erste ist, voran. Man fährt mit den Vorstellungen fort, wie sie sich darbieten, und man hört auf, wenn man glaubt, das Nothwendigste gesagt zu haben. Dieses ist auch der Plan zu einem Briefe. Man bediene sich also keiner künstlichen Ordnung*, keiner

---

* Illam vnam esse artem epistolarum in eloquendo censebant (veteres), nullam adhiberi artem: modo stultu sensus aut inepti, et nimis perturbatus abesset ordo. *Io. Ludov. Vives*, de conscr. epistol. p. m. 54. Nec in ordine quidem admodum laboro: qui optimus in epistola, neglectus aut nullus, vt in colloquiis incuriosum quiddam et incompositum amamus — — Omnino decora

ner mühsamen Einrichtungen, sondern man überlasse sich der freywilligen Folge seiner Gedanken, und setze sie nach einander hin, wie sie in uns entstehen: so wird der Bau, die Einrichtung, oder die Form eines Briefes natürlich seyn. Diese Regel bleibt stets die beste, so viel man auch dawider einwenden mag. Man kann sagen, daß man ihr folgen, und doch noch einen sehr unnatürlichen und unordentlichen Brief schreiben kann, nemlich, wenn meine Art zu denken unrichtig, überflüßig und unangenehm ist Es ist wahr; aber wir setzen einen gesunden Verstand zum voraus. Diesen kann man niemanden in einer Regel beybringen. Viele Leute sind von Natur so finster, daß sie auch bey den gemeinsten Dingen noch unordentlich denken. Diesen wird die Regel nichts helfen. Wer keine gute Auferziehung gehabt, wer seinen Verstand noch gar nicht durch den Umgang mit geschickten und vernünftigen Leuten, oder durch das Lesen guter Bücher geübt, und in Ordnung gebracht, oder wer ihn durch einen bösen Geschmack gar schon verderbet hat, der wird freylich nach dieser Regel immer noch elende Briefe schreiben können. Unterdessen ist sie die einzige, der man fol-

decora est incuria: et recte monuit Cicero: *epistolas debere interdum hallucinari.* Itaque ille ipse haesitat, reuocat, turbat, miscet: nec quicquam magis curasse videtur, quam ne quid curae praeferret. *Lipsius* Institut. Epistol. C. VI.

(Gellerts Briefe.)

folgen soll. Alle die künstlichen Methoden, nach welchen uns unsere Briefsteller gemeiniglich lehren wollen, wie man einen Brief ordnen, und seine Gedanken in gewisse Behältnisse zwingen soll, in die sie sich meistentheils nicht schicken, sind niemand anzupreisen *. Ja man kann beynahe das von ihnen sagen, was Cicero von einer gewissen Anweisung zur Beredsamkeit gesagt hat. Cleanth, spricht er, hat eine Redekunst geschrieben; aber so, daß man nichts anders zu lesen braucht, als ihn, wenn man verstummen will **. Die Erfinder dieser Künste haben es unstreitig gut gemeynt; aber ihre gute Meynung, jungen Leuten das Briefschreiben zu erleichtern, hat vielleicht mehr Schaden angerichtet, als wenn sie die schlimmste Absicht gehabt hätten. Sie wollen uns, ehe wir denken können, gute Briefe schreiben lehren. Sie lehren uns daher die Sätze des Briefes nach einem Formular abfassen, bald in der Gestalt einer Schlußrede, bald in einer ordentlichen, bald in einer umgekehrten Chrie, bald

* Superstitiose faciunt, qui libertatem illam epistolarem certis partibus alligant, atque eiusmodi seruituti includunt, cuiusmodi ne orationes quidem tenere Fabio placet. In simplicibus argumentis eum sequamur ordinem, quem consilium nobis dictaverit, non praeceptiunculae. *Erasmus de rat. consc. epist.* p. m. 98.

** Scripsit artem rhethoricam Cleanthes, sed sic, vt, si quis obmutescere concupierit, nihil aliud legere debeat, *de finib.* l. 4. § 7.

bald so, daß wir unsere Meynung in ein Antecedens, in eine Connexion und in ein Consequens einspannen müssen. Sie wollen uns, sage ich, auf diese Art bey Zeiten gute Briefe schreiben lehren, und sie machen, daß wir Zeit Lebens schlechte schreiben lernen, wenn wir uns einmal an die Formulare gewöhnen. Sie wollen uns die Ordnung im Schreiben beybringen, und benehmen uns eben durch dieses Mittel das Muntre, das Freye, das eine Rede angenehm macht. Sie geben uns gewisse Anfangs= und Schluß=Formeln, gewisse Verbindungs=Wörter, die im Umgange nicht gebräuchlich sind, gleichsam als Hüter, damit unsre Gedanken nicht aus ihren Fesseln entrinnen können. Der Gebrauch dieser Methoden ist unstreitig an dem schlimmen Geschmacke in Briefen hauptsächlich Ursache, der lange Zeit in Deutschland geherrscht hat*. Die Briefe haben

* So groß die Menge der deutschen Anweisungen zu Briefen ist: so groß, ja noch viel größer ist die Anzahl der lateinischen, die zum Theil von großen Gelehrten aufgesetzet worden, und doch nur zu beweisen scheinen, daß es eine vergebene Mühe ist, das Briefschreiben in die Form einer Kunst zu bringen. Einige haben einander ziemlich getreu abgeschrieben; andere über die Anweisungen der andern Commentarien gemacht; die meisten nur für die lateinische Sprache gesorgt. Ludwig a Vives Anleitung scheint in Ansehung der übrigen den Namen aureus libellus, mit Recht zu verdienen. Erasmus und Lipsius haben selbst nichts aus ihren Anweisungen gemacht. Man findet

haben nothwendig steif und ängstlich werden
maſſen, weil man durch den Schulwitz die natürliche Art zu denken erſtickt hat. Sie haben
einförmig und eckelhaft werden müſſen, weil
alles in einer einförmigen Stellung vorgetragen

findet indeſſen noch allemal Spuren großer Männer darinn. An Philipp Horſt und Valentin Erythräi
Anleitung trifft man zugleich dasjenige an, was
man im Griechiſchen von den Briefen gelehret hat,
nemlich in dem erſten die wenigen Anmerkungen, die
Demetrius Phalereus in ſeiner Elocution über die
Natur und Schreibart der Briefe macht, und in dem
andern die beyden Bücher περὶ τῶν ἐπιϛολικῶν
τύπων, de epiſtolar. formis ſ. typis, und περὶ τῦ
ἐπιϛαλτικῦ Χαρακτῆρος, de charactere epiſtolico, die einige dem Libanius zuſchreiben, und
von denen das letzte eine mühſame Eintheilung der
Briefe iſt. Der kurze Brief des Gregorius von Nazianz an den Nicobulus, von der Kürze, der
Deutlichkeit, und der Anmuth eines Briefes, iſt vielleicht mehr werth, als manche dicke Anweiſung. Es iſt
unter ſeinen Briefen der hundert und neunte. Caſelius hat einen Commentarium darüber geſchrieben.
Die franzöſiſche Anweiſung, die vor Richelets Sammlung auserleſener Briefe
ſteht, verdienet geleſen zu werden, und noch weit
mehr diejenige, die in dem Traité Général de Stile
etc. à Amſterdam 1750. zu finden iſt. Unter den
Deutſchen Anweiſungen haben ſich des Herrn Magiſter
Stockhauſens Grundſätze den meiſten Beyfall
erworben. Wer aber im Lateiniſchen eine recht kurze
und ſehr ſchöne Anleitung zu Briefen leſen will, der
ſchlage in des Herrn Profeſſor Erneſti ſeiner Rhetorik das Capitel von Briefen nach, S. 798.

in Briefen.

gen worden. Hiezu kömmt noch, daß man uns hat bereden wollen, die Kanzleysprache wäre die beste und also auch die Sprache der Briefe; welches eben so viel heißt, als wenn man sagte, diejenige Sprache, die im gemeinen Leben am wenigsten gehört, und beynahe gar nicht verstanden wird, muß in Briefen geredet werden. Wir wollen ein Exempel einer solchen künstlichen Einrichtung eines Briefes aus Junkers Briefsteller vor uns nehmen, um den Werth der Dispositionen kennen zu lernen. Er sagt uns, wie man den Brief in Form einer ordentlichen Chrie einrichten kann. Man setze, sagt er, erst den Hauptsatz, alsdann den Beweis, darauf mache man eine kleine Erweiterung, und alsdann beschliesse man. Das Skelet von einem solchen Briefe sieht nach seinem Aufsatze a. d. 74. S. also aus:

Satz: Ich habe mit Betrübniß vernommen, daß dessen Eheliebste gestorben sey.

Beweis: Denn sie war ihrer Tugenden wegen von jedermann, und dahero auch von mir geliebt und werth gehalten.

Amplificatio per distributionem:
  a) Wegen ihrer Gottesfurcht,
  b) Häuslichkeit,
  c) Kinderzucht,
  d) Liebe gegen ihren Eheherrn,
  e) Freundlicher Bezeigung gegen jedermann.

Beschluß: Darum ist es kein Wunder, wenn er, sowohl als ich, nebst andern Freunden, darüber gar sehr bekümmert worden.

Endlich setzet man einen Trost nach gegenwärtigem Exempel bey, und beschliesset den Brief mit einer beliebigen Schlußformel.

Die Ausarbeitung dieses Aufsatzes klingt also:

Wohledler,

Hochgeehrter Herr Sekretär!

Niemals bin ich so sehr bestürzt gewesen, als bey Erbrechung Deines Briefes; aus welchem ich die unverhoffte Nachricht von dem Absterben Deiner werthesten Eheliebsten bekommen. Die Spuren von den Thränen, so Du in währendem Schreiben vergossen, lockten mir gleichfals die Thränen aus den Augen, und ich konte mich um desto weniger der Thränen enthalten, je grösser der Verlust ist, den nicht allein Du, sondern auch alle diejenigen, so keine Feinde der Tugend sind, darüber erlitten. Ihre Gottesfurcht, Häuslichkeit, erbauliche Kinderzucht, ungefärbte Liebe gegen ihren Eheliebsten, und ihre ungemeine Bescheidenheit und Freundlichkeit in dem Umgange mit jedwedem, ist werth, daß alle, welche den Werth einer Ehefrauen von solcher Beschaffenheit, wie die Deinige gewesen, erkennen, den Verlust mit Dir beklagen, den Du insbesondre leydest. Ich weiß Dir selber keinen Trost

zuzu-

zuzusprechen, als daß ich Gott bitte, er wolle den Geist des Trostes in Dein Herz schenken, daß Du in christlicher Gelassenheit die Weisheit seiner Wege erkennen mögest. Ich meines Orts wünsche, daß ich forthin Dir allemal durch etwas anders, als Condolenzbriefe, zeigen möge, daß ich sey ꝛc.

Man betrachte nur die Erweiterung der Ursache, (Aetiologie) und sehe, ob sie natürlich ist. "Ihre (der verstorbenen Frau) Gottesfurcht, "Häuslichkeit, erbauliche Kinderzucht, unge= "färbte Liebe gegen ihren Eheliebsten, und ihre "ungemeine Bescheidenheit und Freundlichkeit "in dem Umgange mit jedweden, ist werth, daß "alle, welche den Werth einer Ehefrauen von "solcher Beschaffenheit, wie die Deinige gewe= "sen, erkennen, den Verlust mit Dir beklagen, "den Du insbesondere erlitten hast = = „. Das heißt, deucht mich, einen Gedanken nicht erweitern, sondern durch überflüßige Begriffe beschweren, und durch eingeschobene Worte aus einander dehnen. Man sieht dieser Erweiterung das Studirte, das Mühsame, auf allen Seiten an; und eben dieses Mühsame und Gesuchte ist wider den Affekt der Traurigkeit, den ich dem andern zu erkennen geben will. Um diese Ursachen auszudenken, brauche ich Gelassenheit und Nachsinnen. Wenn ich also diese Gründe gleichsam in einer Schlachtordnung nach einander hinstelle: so zeige ich an, daß ich nicht

nicht sehr bestürzt gewesen seyn muß. Keine Ordnung würde bey dieser Gelegenheit die beste Ordnung gewesen seyn. Wer pflegt gegen seinen Freund so stufenweise zu declamiren, wenn er ihm mündlich sagen will, daß er den Verlust seiner Frau bedauert? Wird ein Freund des andern Frau durch alle Prädicamente loben, wenn er mit ihm von ihrem Tode spricht? Wäre der Verfasser wirklich gerührt gewesen, so würde ihm bald dieses, bald jenes, von diesen Umständen eingefallen seyn; aber nicht auf einmal, und in einem Perioden; so pflegen wir im Affekte nicht zu reden. Aber die Sprache des Herzens wollte sich in keine Chrie zwingen lassen. Hätte er hingegen nicht an die Chrie, sondern an seinen armen Freund gedacht, und seine Empfindungen niedergeschrieben: so würde der Brief lebhaft und ungezwungen geworden seyn. Endlich wenn der gedachte Brief gut wäre, was hat die Chrie dazu beygetragen? Beynahe nichts. Die beyden Sätze: Ihre wackere Frau ist gestorben: ich bin betrübt darüber; bieten sich durch die Sache selbst an, und die Chrie sagt nichts mehr, als daß ich diesen vor, und jenen nachsetzen kann, oder umgekehrt. Dieses hat man vorher auch gewußt. Die Erweiterung hat den Verfasser zu einem einzigen ängstlichen Perioden geholfen. Das übrige in dem Briefe ist alles willkührlich hinzu gesetzt, und der junge Mensch muß es entweder in ähnlichen Fällen erfin-

erfinden, oder dieses Modell getrost abschreiben. Sollte man also wohl junge Leute nach solchen Methoden in Briefen anführen, wenn sie auch nicht unnatürlich wären? Das beste Mittel, diese Methoden zu widerlegen, sind die guten Briefe der Alten und Neuern. Man nehme sie, und sage uns, in welcher Form sie geschrieben sind. Man wird unter hunderten nicht einen finden, der sich ohne Gewaltthätigkeit in eine Chrie, oder Schlußrede, zwingen läßt. Die guten Exempel gelten mehr als alle Regeln. Und aus diesen Exempeln sehen wir nichts mehr, als daß es keine abgemessene Ordnung giebt, die man schon im Vorrathe hat, ehe man den Brief schreibt: sondern daß die Vorstellung des Inhalts jedesmal die Einrichtung giebt; daß diese nicht gezwungen seyn darf; daß sie der natürlichen Art zu denken, die ein jedweder hat, überlassen ist. Junge Leute werden tausendmal mehr Vortheil haben, wenn man ihnen gute Briefe zu lesen giebt, und sie auf eine brauchbare Art mit ihnen durchgehet, als von allen Regeln. Sie werden an guten Exempeln bald sehen, wie man einen Brief einrichten, wie man ihn mit Gedanken, die sich zur Sache schicken, ausfüllen soll. Man mache sie auf die natürlichen, und oft bloß wegen ihrer Einfalt schönen Stellen, auf die ganze Wendung, die einem Briefe gegeben worden, aufmerksam. Man lasse sie oft aus wohlgeschriebenen Briefen einen trockenen

ckenen und kurzen Inhalt in wenig Sätzen ausziehen, und zeige ihnen, wie der Autor den Inhalt belebt und ausgeführt hat; wie er von einem Gedanken zum andern übergegangen ist; wie er alles verderbt haben würde, wenn er diesen oder jenen Gedanken mehr aus einander gewickelt hätte. Man mache oft selbst einen Haupt=Inhalt aus einem solchen guten Briefe, und lege ihn jungen Leuten vor. Man frage sie, wie sie davon reden wollen. Man helfe ihnen die Zwischengedanken durch Fragen erfinden. Man lasse sie den Brief aufsetzen, und alsdann zeige man ihnen das Original selbst *. Dieses wird die Fähigkeit zu denken bey jungen Leuten nicht allein vermehren, sondern ihnen auch unvermerkt einen guten Geschmack in Briefen beybringen. Ich will die Sache an einem leichten Exempel versuchen, und folgenden kurzen Brief an einen guten Freund dazu nehmen:

Lieb=

* Bey der Durchsicht ihrer Briefe folge man der Vorschrift des Erasmus: Neque sat habeat doctor, manifesta sermonis vitia castigare, verum si quod verbum parum elegans, si minus ornatum, si sordidum, si durius translatum -- si quid absurdius compositum, si quid asperum, si quid hiulcum, id notatum emendabit mutabitque. Tum si quid alio loco dictum, quod alio magis quadrabit: si quid additum quod non cohaereat: si quid praeteritum, quod inseri oportebat: si quod argumentum futile, vanum, translatum, aut alioqui vitio-

Liebster Freund!

Fahren Sie doch heute mit mir spazieren. Es ist so schönes Wetter. Untersuchen Sie nicht, wie viel Sie Vergnügen auf dieser Reise haben werden, denken Sie lieber daran, daß ich ohne Ihre Gesellschaft keines haben werde. Wenn Sie mir dieses sagten, so käme ich gewiß. Der Wagen ist schon bestellt. Wollen Sie kommen? Ja.

Wenn ich also einen jungen Menschen nach diesem Exempel üben wollte: so würde ich ihm sagen, er sollte an einen guten Freund schreiben, und ihn bitten, daß er heute mit ihm spazieren führe. Thun Sie, würde ich fortfahren, als ob Sie wirklich Lust hätten, spazieren zu fahren; was würden Sie Ihrem Freunde bey dieser Gelegenheit mündlich sagen? "Daß "ich Lust hätte spazieren zu fahren; daß heute "schönes Wetter wäre; daß er mir einen gros- "sen Gefallen erweisen würde, wenn er mit "mir führe." Aber ist das nicht zu viel begehrt, daß er bloß Ihres Vergnügens wegen mit

vitiosum: si quod decus parum feliciter affectatum: si jocus sit frigidior: si languidius dictum quod acrius oportebat: sicubi a decoro fuerit recessum: si tractationis color parum prudenter sit delectus: si verbosius tractatum, quod oportebat brevius: aut si brevius perstrictum, quod fusius erat tractandum. Nec simul tamen omnia reprehendet praeceptor, sed alias alia. *De conscrib. epist.* p. m. 52.

mit Ihnen fahren soll? "Nein, er kann ja eben "das Vergnügen in meiner Gesellschaft haben, "das ich in seiner habe." Wollen Sie ihm dieses sagen? Fühlen Sie nicht, daß es zu stolz gesprochen ist? Bleiben Sie dabey, daß er Ihres Vergnügens wegen mit Ihnen fahren soll; aber wenden Sie den Gedanken so, daß er vortheilhaft für Ihren Freund wird. Lassen Sie ihm sehen, wie sehr Sie ihn lieben. "Ich will ihm also sagen, daß ich überhaupt "ohne seine Gesellschaft kein Vergnügen ge= "niessen könnte." Ich dächte, sie liessen das überhaupt weg. Der Gedanke ist zu allge= mein, und klingt zu schmeichlerisch. Machen Sie ihn wahrer. Schränken Sie ihn bloß auf die itzige kleine Reise ein. Nehmen Sie das gute Wetter zu Hülfe, und sagen Sie mir nunmehro, wie Sie schreiben wollen. = =

"Ich werde schreiben:

"Haben Sie doch die Gewogenheit für mich, "und fahren Sie heute mit mir spazieren. Es "ist ein so schöner Tag, und ich sage Ihnen, "daß ich ohne Ihre Gesellschaft kein Vergnü= "gen auf dieser Reise haben werde." Fällt Ihnen nichts mehr bey, wodurch Sie ihn be= wegen könnten? Er soll Ihnen einen Gefallen thun. "Ich will ihm sagen, daß ich ihm wie= "der eben diesen, oder einen andern Gefallen "erweisen will." Ich will also fortfahren: "Sie können versichert seyn, daß ich Ihnen
"eben

„eben diesen Gefallen bey andern Gelegenhei-
„ten erzeigen werde.„ Diese Stelle ist mir
zu matt. Ihr, Sie können versichert seyn,
ist nicht die vertrauliche Sprache eines Freundes. Werfen Sie es weg. Der Bewegungs-
grund, daß Sie ihm eben diesen Gefallen wieder erweisen wollen, ist gar zu proportionirlich.
Sagen Sie ihm mehr. Sprechen Sie lieber
in der Sprache des Umgangs: "Ich will Ih-
„nen alles wieder zu gefallen thun, wenn Sie
„mir diese Freude machen.„ Wollen Sie
noch was weiter sagen? Wenn Sie im Umgange etwas bitten, was thun Sie am Ende?
"Ich bitte noch einmal.„ Wie wollen Sie
also schliessen? "Thun Sie es doch, und kom-
„men Sie, ich bitte Sie recht sehr.„

Nunmehr würde ich seinen Brief gegen den
ersten halten. Ich würde ihm zeigen, daß seine
Formel: Haben Sie doch die Gewogenheit für mich, kein besondrer Zierrath in einem freundschaftlichen Briefe wäre. Ich würde ihm zeigen, daß die Stelle: "Untersuchen
„Sie nicht, wie viel Sie Vergnügen auf die-
„ser Reise haben werden; denken Sie vielmehr
„daran, daß ich ohne Ihre Gesellschaft keines
„haben werde„, weit besser sey, als die seinige:
"Ich sage Ihnen, daß ich ohne Ihre Gesell-
„schaft kein Vergnügen auf dieser Reise haben
„werde.„ Die erste ist natürlicher. Sie erinnert ihn an sein eignes Vergnügen, und ent-
hält

hält das, was in uns vorgehet, wenn wir uns zu einer kleinen Reise entschliessen sollen. Sie benimmt den andern auf eine höfliche Art die Einwürfe, durch den darauf folgenden kleinen Lobspruch. Der Lobspruch selber wird bescheidener und nothwendiger durch die Wendung, die man dem ganzen Gedanken gegeben hat. Auf diese Art kann man jungen Leuten sagen, wie sie einen bekannten Gedanken durch die Wendung auf gewisse Art neu machen können; wie sie mit einem Einfalle umgehen, und ihn oft nur halb zeigen müssen, wenn er gefallen soll. Ich würde ihm endlich sagen, warum der Schluß in dem ersten Briefe einigen Vorzug vor dem Schlusse seines Briefes hätte. Wüßte ich einen gezwungenen Brief von eben diesem Inhalte: so würde ich ihm solchen lesen lassen, und ihn nöthigen, mir sein Urtheil zu sagen. Es steht einer in Junkers Briefsteller, der eben diesen Inhalt hat:

Mein Herr,
Sehr werther Freund!

Sie sind es nun von langer Zeit her überzeugt, daß ich kein Vergnügen genießen kann, wenn Sie durch Ihre werthe Gesellschaft mir solches nicht gleichsam erst angenehm machen. Da nun heute überaus schön Wetter ist, welches mich anreizet eine Spazierreise zu thun: so bitte mir die Ehre Ihrer Gesellschaft aus. Ich erwarte Sie in einer Stunde auf meiner Stube, und Sie
werden

werden sodann den Wagen bereits vor der Hausthüre finden.

Er würde mir das Gezwungene in der Verbindung, und in den Perioden das Matte, das Fremde in den Worten und Redensarten aufsuchen, und mir die Ursachen sagen müssen. Diese Arbeit stärkt die Einsicht, und vermehrt den guten Geschmack oder die geschwinde und zarte Empfindung, das, was schön, oder nicht schön ist, an einem Gedanken und an dem Ausdrucke wahrzunehmen. Endlich werden die vielen guten Exempel ein Bild von dem, was einen Brief im Ganzen schön macht, in seinen Verstand eindrücken. Es ist oft keine Ursache vorhanden, warum wir im Denken und Schreiben einen üblen Geschmack haben, als weil wir keine Gelegenheit gehabt, den guten Geschmack an schönen Beyspielen kennen zu lernen, oder weil wir uns zuerst an schlimme Exempel gewöhnet haben.

Man vergesse also die gewöhnlichen Künste der Briefsteller, wenn man natürliche Briefe schreiben will. Man bekümmere sich dafür um gute Briefe, man lese sie mit Aufmerksamkeit, mehr als einmal, und mache sich mit ihren Tugenden bekannt. Gefällt uns einer besonders: so ziehe man, wie ich schon gesagt habe, den Haupt=Inhalt in Gedanken heraus, und sehe, wie ihn der Verfasser einzukleiden gewußt hat. Man gebe auf die Gedanken Achtung, wodurch
er

er ihn ausgefüllt, und zu seiner gehörigen Größe gebracht. Man bemerke ferner die Umstände, wodurch der Verfasser zu diesem oder jenem Einfalle gekommen ist, und wie sie sich an der Sache dargeboten haben. Man sehe, wie er sich leichter und bekannter Gedanken auf eine neue Art zu bedienen gewußt. Wir haben leider noch wenig gute gedruckte Briefe im Deutschen, und mein Rath wird nur denen helfen, die gute Briefe in fremden Sprachen lesen können*, oder sich mit Uebersetzungen behelfen wollen.

Will

---

* Unter der großen Menge französischer Briefe sind diejenigen, die wir von der Babet, der Marquisin von Sevigne, von ihrem Vetter, dem Grafen Büssy Rabutin, von dem Grafen von Estrades, von Crebillon dem Jüngern, von Racinen dem Aeltern, von Rousseau, und von Voltairen, in seinen Werken haben, unstreitig die besten. Man findet die Briefe der Babet in den Lettres de Respect, d'Obligation & d'Amour de Mr Boursault. à Paris 1667. Dieses muntere und witzige Mädchen beschämt den Boursault sehr durch ihre Briefe. Es sind ihrer kaum dreyßig. Boursault sagt in der Vorrede, daß er die andern weggeliehen, und nicht wieder bekommen hätte. Warum hat man ihm doch nicht lieber die seinigen abgeborgt? Der Werth der Briefe, welche die Frau von Sevigne an ihre Tochter, die Gräfin von Grignan, geschrieben, ist bekant. Man hat sie in sechs Bänden zu Haag 1726. wieder aufgelegt. Wer nicht eine Kenntniß von dem damaligen französischen Hofe hat, wird freylich vieles nicht genug verstehen, oder nicht genug schmecken. Sie sind von

Will man sich selber im Briefschreiben üben: so wird man sehr wohl thun, wenn man im Anfange gute Briefe übersetzt. Allein diese Arbeit ist sehr gefährlich, wenn man sie ohne Aus-

1670 an, geschrieben. Die Briefe des Büssy würden vielleicht noch schöner seyn, als sie sind, wenn der General, der Staatsmann, der Academist, weniger darinn redete; mit einem Worte, wenn der Graf nicht eben so stolz, als kleinmüthig, wäre. Die Briefe des Grafen von Estrades, die zu Brüssel 1709 in fünf Bänden unter dem Titel, Lettres, Memoires et Negociations, herausgekommen sind, und die er als französischer Abgesandter in Holland geschrieben, sind für diejenigen, die in öffentlichen Angelegenheiten schreiben wollen. Sie haben, als Nachrichten, das Verdienst, das aus der Kürze, mit der Deutlichkeit verbunden, und aus der Kunst entsteht, mit einem Prinzen zu rathschlagen, ohne vertraut zu werden, und unangenehme Nachrichten zu schonen, ohne sie zu ver-

ändern. Es sind zugleich diejenigen Briefe mit eingerückt, welche sein Herr, der König, und Lionne an ihn geschrieben haben. Crebillons Briefe (Lettres de Madame de M** au Comte de R**) verdienen in Ansehung der Moral nicht angepriesen zu werden. Ein verheyrathetes Frauenzimmer schreibt an ihren Liebhaber. Es ist wahr, daß sie bey ihrem Tode sehr unruhig wird; daß sie sich die grösten Vorwürfe macht; und vielleicht soll dieses die Lehre seyn. Aber sie liebt doch mitten im Sterben ihren Grafen noch. Soll dieses auch eine Lehre seyn? Außerdem sind sie eine Original-Geschichte des menschlichen Herzens, wenn es liebt. Sie sind natürlich geschrieben, so bald man ein Frauenzimmer vom Verstande und von der Gemüthsart der Marquisin vor-

(Gellerts Briefe.) E

66 Von dem guten Geschmacke

Aufseher unternimmt, und nicht Einsicht genug in beyde Sprachen hat. Man kann das schönste Original durch eine halbgetreue Uebersetzung verderben. Das heißt nicht getreu übersetzen, wenn man nur den Sinn seines Autors ausdruckt.

voraus setzt. Eben so genau schildern die Briefe der Ninon L'Enclos (Lettres de *Ninon* de *L'Enclos* au Marquis de Sevigné. *à La Haye* 1750) das menschliche Herz ab, und sie würden es noch genauer abschildern, wenn sie nicht manchmal besondere Wahrheiten in allgemeine verwandelten. Sie offenbaren in einer muntern und oft boshaften Schreibart die verborgensten Geheimnisse der Liebe so scharfsinnig, daß man die erhabne Enthusiasterey der platonischen Liebe nicht mit stärkern Waffen hätte angreifen können. Wie wenig würde man gegen sie einzuwenden haben, wenn sie sich nicht zuweilen ein wenig allzusehr auf die andere Seite schlügen, der Liebe die Stelle einer Tugend absprächen, und sie ganz für eine sinnliche Empfindung ausgeben wollten. Manche Wahrheit würde vielleicht der Leser lieber aus dem Munde einer Mannsperson, als aus dem Munde eines unverheyratheten Frauenzimmers hören wollen. Doch der Verfasser, oder die Verfasserin, hätten keine bessere Person zu ihren Briefen wählen können. Wenn sie ein Frauenzimmer schreiben sollte: so konte sie eine Lenclos am ersten schreiben. Uns deucht, daß sie den Briefen des Crebillon noch vorzuziehen sind. Doch wer weis, ob sie ihn nicht selbst zum Verfasser haben. Racinens Briefe findet man in den Memoires de Jean Racine, die sein Sohn vor etlichen Jahren herausgegeben. Sie sind nicht allein als Briefe schätzbar, sondern auch als Nachrichten, die das Leben und den Charakter dieses vortreflichen Scribenten erläutern. Er mag als ein Dichter mit seinem Despreaux, oder als ein zärtlicher Vater

in Briefen.

druckt. Ich muß auch die Art, mit der er denkt, und den Ausdruck seiner Gedanken genau beybehalten; oder wo dieses in meiner Sprache nicht mehr angehet, beydes mit gleichgeltenden Schönheiten zu verwechseln wissen.

Vater mit seinem Sohne reden, so ist er immer Racine. Er ist es so gar in den Briefen, die er in seinen ersten Jahren geschrieben, und sein noch nicht reifer Witz verräth doch schon den künftigen grossen Geist. Die Briefe des Fontenelle verdienen, deucht mich, größtentheils immer noch eine Stelle unter den guten sinnreichen Briefen: Man wirft ihnen den Fehler des Gesuchten vor; aber wenn weis ein Fontenelle nicht seine Fehler durch Schönheiten zu bedecken? Man hat von diesen und von Crebillons Briefen eine deutsche Uebersetzung; die erste ist von dem Herrn Professor von Steinwehr, und die andre von Herr Straußen. In den sinnreichen Werken der Frau von Lambert (Oeuvres de Madame la Marquise de *Lambert*, à Lausanne 1747) stehen auch einige schöne Briefe, davon man aber die meisten eher kleine Betrachtungen aus der Moral und Critik, als Briefe im eignen Verstande, nennen könte. Wer den seinen Geschmack des St. Mard kennt, der wird sich auch von seinen galanten und philosophischen Briefen, welche den zweyten Band seiner Werke ausmachen, nicht wenig versprechen können, obgleich der Verfasser selbst davon das Urtheil fällt, daß sie zum Theil vielleicht zu tiefsinnig, zum Theil als ein Werk seiner Jugend, zu schimmernd wären. Richelet hat eine Sammlung von Briefen verschiedener französischer Scribenten, auszugsweise, in zween Bänden herausgegeben, und sie unter gewisse Classen gebracht. Ich zweifle, daß er recht gut gewählt hat. Man findet vor dem ersten Theile ein langes Verzeichniß von Briefschreibern seiner

Dazu gehört viel Geschmack und viel Stärke in den Sprachen. Unterdessen hat das behutsame Uebersetzen einen doppelten Vortheil. Man wird mit den Schönheiten eines Originals besser bekannt, und man bereichert seinen Ausdruck, weil man genöthiget ist, die Wörter und Redensarten seiner Sprache in Gedanken aufzusuchen, um den fremden Ausdruck zu erreichen, ohne ihn zu schwächen, und doch auch ohne undeutsch zu reden *.

Wenn ner Nation; und wer ein noch längeres sehen will, der lese den Herrn Arenhold in seinem Conspectu Bibliothecae vniversalis -- Epistolarum, 38-58 Seite. *Hanov.* 1746. Man hat im Italienischen beynahe eine eben so grosse Menge Briefe, als im Französischen, gute und schlechte. Annibal Caro, Guidiccioni, Bonfadio, Bembo, Bentivoglio, Loredano und Lupis sind bekant. Die Briefe des Annibal Caro (Lettere famigliari Venet. 1574. II. Vol.) und des Bonfadio nehmen unter den guten, so wie des Loredano und Lupis seine unter den schlechten Briefen, die ersten Stellen ein. Caro unterscheidet sich nicht nur durch das Natürliche und ungezwungene in den Gedanken und in dem Ausdrucke; auch das Verdienst, das man ihm in Ansehung der Reinigkeit und Schönheit der Sprache zugestehen muß, macht seine Schreibart schätzbar. Und man muß sich wundern, wie ein Volk, das einen Caro in Briefen gehabt, im Stande gewesen ist, die frostigen Metaphern und die gothischen Zierrathen des Loredano einiger Aufmerksamkeit zu würdigen.

* Cicero sagt, daß er in seinen jüngern Jahren diesen doppelten Vortheil durch das Uebersetzen der griechischen Reden erlangt habe:

in Briefen.

Wenn man endlich selbst Briefe schreiben will, so vergesse man die Exempel, um sie nicht knechtisch nachzuahmen, und folge seinem eigenen Naturelle. Ein jeder hat eine gewisse Art zu denken und sich auszudrücken, die ihn von andern unterscheidet. Diese soll er wohl nach guten Exempeln ausbilden, aber sie nie unterdrücken, sonst wird er eben dadurch gezwungen und unnatürlich werden. Wenn wir alle auf einerley Art dächten: so würde die Aufmerksamkeit und das Vergnügen wegfallen; wir würden bey einander einschlafen. Die Mannigfaltigkeit des Vortrags befördert hingegen unser Vergnügen, und wer seiner eignen Art zu denken nicht folgt, der benimmt sich das sicherste Mittel, dem andern zu gefallen, und etwas neues zu sagen. Wer sich gar nichts, sondern alles seinem Originale, zutraut; wer im Nachahmen nichts thun will, als nur seinem Beyspiele kümmerlich folgen **, der wird

habe: Postea mihi placuit eoque sum vsus adolescens, vt summorum oratorum graecas orationes explicarem, quibus lectis hoc assequebar, vt, cum ea, quae legerem Graece, Latine redderem, non solum optimis verbis vterer, et tamen vsitatis, sed etiam exprimerem quaedam verba imitando, quae noua nostris essent, dummodo essent idonea. L. I. de *Orat.* p. 305. *l. c.*

** Eum nemo potest aequare, cuius vestigiis sibi vtique insistendum putat. Necesse est enim semper sit posterior, qui sequitur. Adde, quod plerumque facilius est plus facere quam idem. Quin

wird ihm nicht allein nicht gleichen, sondern auch stets unter ihm seyn. Ueber dieses ist es meistentheils leichter, mehr zu thun, als eben dasselbe zu thun: und eben so unanständig, bloß auf andere Kosten zu schreiben, als auf andrer Kosten zu leben. Und was würde durch das Nachahmen erhalten worden seyn, wenn keiner mehr ausgerichtet hätte, als das Original, dem er folgte?

Man vergesse im Schreiben nicht, daß der Vorrath der Gedanken und der Worte zu einem guten Briefe meistens in der Nähe liege, und daß viele nur darum schlechte Briefe schreiben, weil sie beydes in der Ferne suchen und sich dessen nicht bedienen wollen, was ihnen die Sache und die Beschaffenheit der Personen freywillig darbieten. Sie halten das Nahe für gemein. Sie suchen, und sie kommen dadurch aus den Gränzen des Natürlichen *.

Die

Quinctil. L. X. c. 2. Turpe etiam illud est, contentum esse id consequi, quod imiteris. Nam rursus quid erat futurum, si nemo plus effecisset eo, quem sequebatur? ibid.

* Plerumque optima rebus cohaerent et cernuntur suo lumine. At nos quaerimus illa, tanquam lateant semper, seque subducant. Ita nunquam putamus circa id esse, de quo dicendum est; sed ex aliis locis petimus et inuentis vim assequimur. Quinctil. L. 8. Prooem. Man kann folgende Stelle aus dem zehnten Buche eben dieses vortreflichen Aufführers in der Beredsamkeit zu einer Regel bey der Verfertigung der Briefe machen: Si non resupini, Spectantesque tectum

in Briefen.

Die Kunſt ſoll in den Briefen eigentlich nichts thun, als wehren, daß die gewöhnlichen Vorſtellungen keinen Eckel erwecken.

Die Gelegenheiten, bey denen wir ſchreiben, erzeugen die meiſten Gedanken in Briefen. Man ſey alſo aufmerkſam auf die kleinen Umſtände, welche die Gelegenheit darbietet, um ſich mit Gedanken zu bereichern. Wer von Natur unempfindlich iſt, den wird nichts rühren, als das grobe von einer Sache, und er wird von den vorkommenden Dingen immer auf eine gemeine Art reden. Wenn man hingegen viel an einer Sache ſieht, ſo bekömmt man viele und alſo auch neue Vorſtellungen. Auf dieſe Art entſteht das Volle und das Muntere in der Schreibart. Wer unter vielen Vorſtellungen, durch die Hülfe einer zarten und glücklichen Empfindung die leichteſten, feinſten und nöthigſten wählen, und einen gewiſſen Wohlſtand in ihrer Verbindung beobachten kann, der wird gewiß gute Briefe ſchreiben.

tectum, et cogitationem murmure agitantes, expectauerimus, quid obueniat; sed quid res poſcat, quid perſonam deceat, quod ſit tempus - -, intuiti, humano quodam modo ad ſcribendum accesserimus: Sic nobis et initia, et quae ſequuntur, natura ipſa praeſtabit. Certa ſunt enim plerumque, et, niſi conniueamus, in oculos incurrunt: ideoque nec indocti, nec ruſtici diu quaerunt, vnde incipiant. Non ergo putemus ſemper optimum eſſe, quod latet. L. X, c. 3.

ben. Aus diesem Grunde kann man sicher sagen, woher es kömmt, daß die Frauenzimmer oft natürlichere Briefe schreiben, als die Mannspersonen *. Die Empfindungen der Frauenzimmer sind zarter und lebhafter, als die unsrigen. Sie werden von tausend kleinen Umständen gerührt, die bey uns keinen Eindruck machen. Sie werden nicht allein öfter, sondern auch leichter gerührt, als wir. Eine Vorstellung macht bey ihnen geschwinde der andern Platz, daher halten sie sich selten bey einem guten

---

* Ich will dem Frauenzimmer zur Ehre eine sehr schöne Stelle aus dem la Bruyere anführen: Elles (les Lettres de Balzac et de Voiture) sont vuides de sentimens, qui n'ont regné que depuis leur tems, et qui doivent aux femmes leur naissance. Le sexe va plus loin, que nôtre, dans ce genre d'écrire: elles trouvent sous leur plume des tours et des expressions, qui souvent en nous ne sont l'effet que d'un long travail et d'une péuible recherche, elles sont heureuses, dans le choix des termes qu'elles placent si juste, que tout connus qu'ils sont, ils ont le charme de la nouveauté et semblent être faits seulement pour l'usage, où elles les mettent. Il n'appartient qu'à elles de faire lire dans un seul mot tout un sentiment, et de rendre délicatement une pensée, qui est délicate. Elles ont un enchaînement de discours inimitable, qui se fait naturellement, et qui n'est Né que par le sens. Si les femmes étoient toujours correctes, j'oserois dire, que les lettres de quelques-unes d'entre elles seroient peut-être ce que nous avons dans nôtre Langue de mieux écrit. Tom. I. pag. 152.

ten Gedanken so lange auf; wir fühlen ihn stärker, und darum gehen wir oft zu lange mit ihm um. Ihre Gedanken selbst sind, wie ihre Eindrücke, leicht; sie sind ein scharfes, aber kein tiefes Gepräge. Die Frauenzimmer sorgen weniger für die Ordnung eines Briefes, und weil sie nicht durch die Regeln der Kunst ihrem Verstande eine ungewöhnliche Richtung gegeben haben: so wird ihr Brief desto freyer und weniger ängstlich. Sie wissen durch eine gewisse gute Empfindung das Gefällige, das Wohlanständige, in dem Putze, in der Einrichtung eines Gemähldes, in der Stellung des Tischgeräthes leicht zu bemerken und zu finden; und diese gute Empfindung der Harmonie unterstützt sie auch im Denken und Briefschreiben. Wer die Farben wohl zu wählen, und Theile, die nicht nothwendig zusammen gehören, so zu stellen weis, daß eins das andere erhebt, der wird auch seine Gedanken in einem Briefe gut wählen und geschickt ordnen können. Wir reden nicht von Frauenzimmern, die unter Leuten von verderbtem Geschmacke aufgewachsen sind; die ihren Verstand und ihre Sprache noch durch keinen vernünftigen Umgang, durch kein gutes Buch ausgebessert haben; nein. Aber wir meynen auch nicht vielwissende Frauenzimmer, nicht solche, vor welche Juvenal* die Männer warnt:

E 5 Non

* Iuv. Sat. 6.

Non habeat matrona, tibi quae iunctu recumbit,
Dicendi genus, aut curuum sermone rotato
Torqueat enthymema, nec historias sciat omnes,
Sed quaedam ex libris, et non intelligat.

Man kann bis zur Orthographie, bis zu den Unterscheidungszeichen in einer Rede unwissend seyn, und immer noch sehr schöne Briefe schreiben. Und es ist keine geringe Ehre für die Frauenzimmer, daß die Briefe der Frau von Sevigne, zu denen ich noch die Briefe der Babet rechne, die sie an den Boursault geschrieben, von den grösten Kunstrichtern für die natürlichsten in ihrer Art gehalten werden. Das Herz der Sevigne fließt stets von den lebhaftesten Empfindungen der Freundschaft und Liebe gegen ihre Tochter über. Man erstaunt über die ungemeine Zärtlichkeit; man fürchtet, sie werde sie übertreiben; sie werde aus dem Charakter einer Mutter fallen; und eben diese grosse Zärtlichkeit, die in der Sprache einer andern Mutter abentheuerlich, oder doch eckelhaft werden würde, bleibt in dem Munde der Sevigne schön und natürlich. Man nimmt ihre Empfindungen unwissend an. Man gefällt sich bey dem, was man fühlt, und man würde oft unzufrieden seyn, wenn sie anders geredet, sich weniger frey, sich behutsamer ausgedrückt, und eine gewisse liebenswürdige Nachläßigkeit vermieden hätte. Sie ist ausser der Stunde ihres Affekts in den Augenblicken,

wenn

wenn sie erzählt, oder scherzt, eben so lebhaft in ihren Vorstellungen, eben so fruchtbar an Bildern, eben so naiv bey Kleinigkeiten.

Obgleich alle Briefe natürlich seyn sollen: so müssen es doch die am meisten seyn, in welchen ein gewisser Affekt herrscht. Wenn man also dem andern seine Traurigkeit, sein Mitleiden, seine Freude, seine Liebe in einem hohen Maaße zu erkennen geben, oder in ihm selbst die Empfindung erwecken will: so lasse man sein Herz mher reden, als seinen Verstand; und seinen Witz gar nicht. Man wisse von keiner Kunst, von keiner Ordnung in seinem Briefe. Der Beweis dieser Regel liegt in den Affekten selber. Wer recht gerührt, recht betrübt, recht froh, recht zärtlich ist, dem verstattet seine Empfindung nicht, an das Sinnreiche, oder an eine methodische Ordnung zu denken. Es beschäftiget sich mit nichts, als mit seinem Gegenstande. Von diesem ist er voll, und seine Gedanken sind geschwinde und abgedrungene Abdrücke seiner Empfindungen. Die Rede wird, gleich dem Gefühle, stark und unterbrochen seyn. Wie unser Herz, wenn es in Wallung ist, geschwinder und stärker schlägt, und die vorige Ordnung nicht mehr hält: so unterbricht auch der Affekt die gewöhnliche Art zu denken, und sich auszudrücken. Es ist also in solchen Briefen nichts unnatürlicher, als das, was Nachdenken, Kunst und Mühe verräth. Es wird eine gewisse Stille und Ruhe des

Gei-

Geistes erfodert, wenn wir unsere Vorstellungen wohl verbinden wollen, wenn wir auf Vergleichungen, Gegensätze und andre witzige Einfälle fallen sollen. Der Affekt aber läßt uns zu dieser Arbeit weder Zeit noch Ruhe; und das Sinnreiche, es sey so schön als es will, ist in solchen Briefen allemal verwerflich. Man muß aus eben dem Grunde nicht für den Schmuck in Worten sorgen. Unser Gedächtniß wird uns diejenigen schon eingeben, die den Leidenschaften eigen, und deswegen die kräftigsten sind. Ein verwegner Ausdruck, der sonst nicht gebräuchlich ist, kann im Affekte schön werden, weil ihn die Heftigkeit meiner Empfindung rechtfertiget. Eine Wiederholung des vorigen mit eben den Worten, oder in andern Worten, kann in einem solchen Briefe zur Schönheit werden, weil wir oft glauben, eine Sache noch nicht, oder nicht genug gesagt zu haben, die uns stets vor den Augen schwebt. Eine Frage, die bey einer andern Gelegenheit überflüßig ist, kann in dergleichen Briefen natürlich seyn. Kurz, wer die Betrübniß, die Freude, die Liebe, das Mitleid, das er zu erkennen gegeben, oder erwecken will, in der That empfindet, dem wird es nicht schwer seyn, davon zu reden, es müßte ihn denn die Armuth der Sprache, oder ein angewöhnter böser Geschmack verhindern. Wer ein Exempel von einem recht übertriebenen Trauerschreiben sehen will, der lese Neukirchs Brief an die

Frau

in Briefen.

Frau von Bojanowsky *, über den Tod ihres Gemahls.

Allein, wird man sagen, wenn man nun selbst nicht gerührt ist, wie soll man denn da schreiben? Wie viel Condolenzbriefe, wie viel Freudensbezeigungen müssen wir nicht mit kaltem Blute aufsetzen? Unser Herz nöthiget uns nicht dazu, sondern die Mode, der Wohlstand, der blosse Name eines Freundes, eines Clienten. Man stellt sich, als ob man etwas wäre, das man nicht ist. Gut! wer eigennützig genug ist, sich zu verstellen, oder wer dazu gezwungen ist, der behält doch allemal in seinen Briefen die Pflicht, den Charakter zu beobachten, den er vorstellen will. Er wird sich doch erinnern können, wie er selbst, oder andere, bey dergleichen Gelegenheiten im Affekte zu reden pflegen. Diese Sprache muß er nachahmen, wenn man nicht sein kaltes und verstelltes Herz entdecken soll; allein er muß sie nicht übertreiben. Er muß allen Vergrösserungen und Künsteleyen entsagen, damit sein Affekt nicht studirt oder komisch werde. Er erinnere sich folgender Erzählung:

Ein

* S. Neukirchs galante Briefe, am Ende des Junkerischen Briefstellers. S. 210. Man findet diese Briefe auch bey einer Uebersetzung der Briefe des le Pays, die zu Hamburg 1730 herausgekommen: desgleichen in Volks Briefsteller.

Ein junger Mensch, der, wenn er Briefe schrieb,
Die Sachen kunstreich übertrieb,
Und wenig gern mit stolzen Formeln sagte,
Las einem klugen Mann ein Trauerschreiben vor,
Darinn er seinen Freund beklagte,
Der seine Frau durch frühen Tod verlor,
Und ihm mit vielem Schulwitz sagte,
Daß nichts gewisser wär, als daß er ihn beklagte.

Ihr Brief, fiel ihm der Kenner ein,
Scheint mir zu schwer und zu studirt zu seyn.
Was haben Sie denn sagen wollen?
„Daß mich der Fall des guten Freunds betrübt;
„Daß er ein Weib verlor, die er mit Recht geliebt,
„Und meinem Wunsche nach stets hätte haben
                       sollen;
„Daß ich von Lieb und Mitleid voll,
„Nicht weis, wie ich ihn trösten soll,
„Dieß ungefähr, dieß hab ich wollen sagen.

Mein Herr, fiel ihm der Kenner wieder ein,
Warum sind Sie sich denn durch Ihre Kunst zu-
                       wider?
O schreiben Sie doch nur, was Sie mir sagten,
                       nieder:
So wird Ihr Brief natürlich seyn.

Ueberhaupt läßt sich von keinen Briefen weniger hoffen, als von denen, die der Geist des
Ceremonies und der Mode eingeführt, und
an gewisse betrübte oder freudige Fälle, oder
an gewisse Tage, an Namens- Geburts- und

Neujahrs-Tage gebunden hat. Sie sind die beschwerlichsten, und aus einer gerechten Strafe gemeiniglich die schlechtesten. Es sind Geburten, denen man ihre Herkunft, denen man die Verstellung, die Schmeicheley, den Eigennutz, die Sklaverey, gemeiniglich ansieht. Es sind ausgedehnte, frostige, übertriebene Complimente. Die Materie verändert sich in diesen Briefen nicht. Das Erfreuen, das Glückwünschen, das Bezeigen des Mitleids bleibt allemal das Hauptwerk, und die Gelegenheit ist nur die Ursache dazu. Wer kan von einem so unfruchtbaren Inhalte etwas anständiges sagen? Und wenn es einmal angeht, wer kann es zehn, zwölfmal verändert thun? Wer kann bey kleinen und täglichen Fällen, worüber die Person oft selbst nicht betrübt ist, an die man schreibt; wer kann sich da immer auf eine natürliche Art betrüben? Wer kann immer auf eine andere Art, in einem ganzen Briefe, Glück wünschen, ohne gezwungen zu werden? Ein blosses Compliment läßt sich seiner Natur nach nicht ausdehnen, wenn man ihm nicht Gewalt anthun will. Gleichwohl wird aus einem Complimente, wie wir es mündlich machen, noch kein Brief nach der Mode. Seine Zuflucht zu langweiligen Anfangs- und Schluß-Formeln nehmen, ist pedantisch. Sein Compliment in das Sinnreiche einkleiden, ist eben so viel, als wenn ich ein mündliches Compliment nicht hersagen, sondern meinen Gönnern nach den Noten

ten abſingen wollte. Wenn nicht das beſondere Verhältniß, das zwiſchen mir und dem Gönner iſt, freywillig etwas zum Anfange, oder zur Ausfüllung ſolcher Complimente, hergiebt; kurz, wenn die Beſchaffenheit der Perſonen, und gewiſſer zufälliger Umſtände, uns nicht bey ſolchen Gelegenheiten beredt macht, und uns zu einer guten Einkleidung hilft: ſo werden ſolche Briefe immer leer und unnatürlich bleiben. Mich deucht, groſſe Herren wären glücklich, wenn die Mode zu gratuliren und zu condoliren unter ihren Clienten abkäme. Wie oft muß nicht ein vornehmer Mann, an dem Neujahrstage, oder an ſeinem Geburtsfeſte, überhäuft von den ſchriftlichen Complimenten ſeiner Verehrer, aus dem Plautus klagen: *Vix ex gratulando miſer iam eminebam*. Und wenn auch dergleichen Briefe keine höflichen Zwangsmittel ſind, dadurch man den Gönner zu etwas nöthigen will; wenn ſie auch, unſre Ehrfurcht zu bezeigen, geſchrieben werden: ſo ſind es doch ſo ungewiſſe und durch die Mode verdächtig gewordne Zeichen, daß uns oft Angſt dabey werden muß, wenn wir uns ihrer bedienen. Man leſe zum Exempel folgenden Neujahrsbrief:

Meine Schuldigkeit erfodert, Ew. Excellenz bey dem Eintritte des neuen Jahres meinen unterthänigſten Glückwunſch abzuſtatten. Allein ich ſuche die Worte vergebens, wodurch ſich das alles

alles ausdrücken ließe, was man Ihnen wünschen muß, wenn man das Verlangen seines eignen Herzens befriedigen will. Sind Zufriedenheit, Leben und Hoheit eine gewisse Belohnung der Verdienste: so werden Ew. Excellenz mit diesem Jahre noch eine lange Reihe zufriedener und glückseliger Tage antreten. Ich werde nie ablassen, um die Erfüllung dieser Wünsche die Vorsicht anzurufen, und mit der ersinnlichsten Ehrerbietung zu beharren ꝛc.

Man fühlt den Zwang in diesem Briefe, ob er gleich in seiner Art noch erträglicher ist. Es ist nicht gerade zu, es ist durch einen kleinen Umweg gewünscht, und dadurch hat der Wunsch die Länge eines Briefes erreicht; aber vielleicht merkt man den Kunstgriff zu sehr. Der Wunsch ist nicht in den gewöhnlichen Formeln abgefaßt, und auf diese Art hat er zwar das Alltägliche verloren; aber eben dadurch ist er rednerisch geworden. Unterdessen glaube ich doch, daß man besser thut, wenn einmal solche Briefe geschrieben werden sollen, daß man sie durch eine Tour verlängert, als daß man den Wunsch auf die Folter spannt und alle seine Theile unförmlich sehen läßt; daß man, sage ich, besser thut, wenn man ihn in seine Worte einkleidet, als wenn man sich der Kanzleysprache bedient, wozu uns Herr Lünig durch seine curiösen Hof= und Staatsschreiben, und durch seinen Vorrath wohlstylisirter neuer Briefe hat einladen

(Gellerts Briefe.) F wol-

82 Von dem guten Geschmacke

wollen. Ich will aus dieser letzten Sammlung ein kleines Exempel anführen:

Wir zweifeln nicht, es werden Ew. Liebden das zu Ende eilende Jahr bey allem hohen Vergnügen zurück legen, und haben dahero zu Bezeigung Unserer Freund-Vetterlichen (Nachbarlichen) Ergebenheit nicht ermangeln wollen, zu dem gesegneten Eintritte dieses instehenden neuen Jahres zu gratuliren, mit dem aufrichtigsten Beywunsch, daß der Allerhöchste Ew. Liebden in diesen und vielen folgenden Jahren mit aller selbst wählenden Fürstlichen Prosperität, und demjenigen, was sonst zu Dero Contento gereichen kann, mildiglich erfreuen wolle, die wir Ew. Liebden unter ausbittender Continuation Dero hochschätzbarer Freundschaft und Wohlwollens zu Erweisung rc.rc.

So muß man schreiben, wenn man wohlstylisirt schreiben will. Ausser der Armuth des Inhalts in den Complimentbriefen, macht auch der Respekt, den man zu beobachten hat, dergleichen Briefe schwer und steif. Man soll mit grossen Herren nicht frey reden? und was ist alsdann möglicher, als daß man ängstlich spricht? Man soll demüthig und ehrerbietig sprechen; und wie leicht kann diese Sprache kriechend und sclavisch werden? Man soll mit grosser Behutsamkeit reden, und aus grosser Behutsamkeit wird man oft kostbar und gezwungen. Die Regeln des Ceremoniels schränken die natürliche Art zu denken, so sehr ein, daß
man

man diese oft unterdrücken muß, wenn man jenes beobachten will. Die Art unserer langen und grossen Ehrenwörter thun in dergleichen Briefen dem Ausdrucke und den Gesetzen der Sprache viele Gewalt an. Wir haben Abstracta gemacht, und den gnädigen Herrn in die Gnade, den Hochedlen in das Hochedle, und so weiter verwandelt. Man soll nach dem Befehle der Briefsteller diese Titularen an bestimmten Stellen wiederholen. Dieses muß nothwendig Eckel und Bangigkeit im Ausdrucke verursachen. Man soll nicht, wie man wenigstens im Umgange redet, durch Sie, Ihnen, Ihre, sondern durch Dieselben, Dero, Deroselben, Höchstdenenselben reden. Und wenn alles dieses nicht die Grammatik beleidiget: so beleidigt es doch das Ohr. Will man das Hochgeborne nicht alle Augenblicke wiederholen: so muß man lange Perioden machen, und Sätze, die natürlicher Weise unverbunden gesagt werden wollen, in einen Perioden zwingen. Unsere Anführer treiben uns noch weiter. Wir sollen aus Ehrerbietung für andre, die Wörter von ihrer natürlichen Stelle verdrängen, und zum Exempel nicht sagen: Nachdem ich so glücklich gewesen, Ew. Excellenz Befehle zu vollziehen; sondern: Nachdem Ew. Excellenz Befehle zu vollziehen, ich so glücklich gewesen bin. Diese und noch viele andere Kleinigkeiten, die man beobachten soll, machen es beynahe unmöglich, einen solchen Complimentbrief natürlich abzu=

abzufassen. Sie stören die freye Art zu denken, so wie vielleicht die weitschweifigen Titulaturen in den Kirchengebeten die Andacht stören, wenn wir, indem wir z. E. um Gnade für den Lehnsherrn des Dorfs bitten, zugleich den ganzen Titel des gnädigen Herrn herbeten hören, über den man oft zwey= bis dreymal Athem holen muß.

Die Bittschriften und Danksagungsbriefe an grosse Herren sind weit leichter zu machen, als die leeren Complimente. Man hat einen wahren Inhalt, dazu sich immer verschiedene Umstände, verschiedene Gedanken anbieten, die man von der Grosmuth, von dem edelmüthigen Bestreben seines Gönners, uns und andre glücklich zu machen, von den Wohlthaten selbst, die er uns schon erwiesen hat, hernehmen kann. Das Verlangen, andre zu unserm Glücke geneigt zu machen, und die Dankbarkeit, sind beredte Empfindungen, und man hat im Schreiben mehr zu befürchten, daß sie uns zu übertriebnen Gedanken bringen werden, als daß sie uns gar keine eingeben sollten. Ob nun wohl dergleichen Briefe an grosse Herren mehr Schmuck vertragen, als andre, und ob man gleich mit einem vornehmen Manne nicht schläfrig sprechen soll: so muß man sich doch auch nicht den Balzacischen oder Voiturischen Geschmacke überlassen, und weder, ohne auszuruhen, noch auch, was der größte Fehler dieser Männer ist, immer auf einen Schlag sinn=
reich

reich seyn. Muntre Köpfe sind diesem Unglücke am leichtesten unterworfen. Es hat diesen beyden Männern nicht am Witze gefehlet. Nein, sie haben eher zu viel Witz. Sie pralen damit. Sie wollen ihn stets anbringen, es koste was es wolle. Alles, was sie betreten, soll eine Rose werden. Sie verschwenden ihre Hyperbolen in den Lobsprüchen, ihre Gegensätze in dem Scharfsinnigen. Sie werden also, zur Unzeit und gezwungen, sinnreich in ihren Briefen. Endlich sind sie immer auf einerley Art witzig, und alles, auch das Beste, ermüdet, wenn es immer eben dasselbe bleibt. Voiture ist ohne Zweifel dem Balzac noch vorzuziehen, wenigstens sind einige von seinen scherzhaften Briefen* angenehm zu lesen. Boileau hat beyder Schreibart in zween Briefen

an

---

* Der Herr von Voltaire setzt die Zahl derselben bis auf viere oder fünfe herunter, und meynt, daß die übrigen nicht viel höher zu halten wären, als die Briefe des Boursault und le Pays. (S. seinen Temple de Goût.) Wir wollen uns des Voiture nicht annehmen, aber daß Herr Voltaire den Bussy mit seinen Briefen nicht in den Tempel lassen will, scheint eine kleine Tyranney zu seyn. Die Fehler seiner Briefe sind Fehler seines Herzens, und nicht seines Verstandes. Die Sprache seiner Eigenliebe ist beschwerlich, das beständige Wehklagen über sein Unglück ist ein Fehler; aber deswegen hört seine Schreibart nicht auf, natürlich, leicht und fein zu seyn. Pitaval beschwert sich über diesen Ausspruch des Herrn Voltaire: Il lui a fait une aussi grande injustice, qu'on

an den Herzog von Vivonne nachgeahmt*, und seine Nachahmung ist die beste Satyre, die man dawider machen kann. Eine Probe von den Balzacischen Schönheiten mag folgender Brief** an die Marquisin von Montausier seyn. Er wünscht ihr zu ihrer Niederkunft Glück.

Madame!

Ob mich gleich meine Krankheiten von den Pflichten des bürgerlichen Lebens befreyen: so will ich mich doch meines Privilegii heute nicht bedienen. Es giebt Gelegenheiten, wo alle Privilegia aufhören müssen, und Sie haben uns eine so gute Nachricht von sich hören lassen, daß ich darüber vergessen habe, daß ich krank bin. Sie hat die Kraft gehabt, mich aus einem Schlummer zu erwecken, aus dem der Ruf von Frankreichs Siegen, und die Triumphlieder der öffentlichen Zeitungen mich zu ermuntern nicht vermögend waren. Sie hat mir die Freude gegeben, so wenig ich auch fähig war, Freude anzunehmen. Da sie mir nun diese süsse Gemüthsbewegung wieder gegeben hat, die ich gar verlohren zu haben glaubte: so hal-

---

on la lui feroit, si on ne l'y plaçoit même, je ne crois pas que nous ayons rien dans le stile Epistolaire, qui surpasse le stile fin et aisé du Comte de Bussy. S. Causes celebres Tom. VI. p. 317.

* S. den vierten Theil seiner Werke a. d. 93 S. Amst. Ausg.

** Lettres de Mr. Balzac, à Amsterd. 1664. p. 356.

halte ichs für meine Schuldigkeit, Ihnen, Madame, für mein eignes Vergnügen zu danken, das ich in dem Ihrigen finde. Die Festtage Ihres Hauses sind keine Privatfeste, und bilden Sie sich ja nicht ein, daß Sie nur für sich allein glücklich sind. Nein, Madame, es ist ein Licht, womit Sie die Welt ausgeschmückt haben; es ist ein Glück, das Sie unserm Jahrhunderte zuwege bracht haben. Und weil ich mich neuerlich wieder zum Poeten aufgeworfen: so wird es Ihnen nicht fremd vorkommen, wenn mir ein Wort entfährt, das prophetisch klingt. Ich kann von dem nicht niedrig reden; noch eine nur geringe Hofnung von dem haben, was sich von zwo Personen herschreibt, für die ich eine so hohe Ehrerbietung trage. Man kann in dem Falle unmöglich verwegene Wünsche thun, wenn Sie dieselben erfüllen sollen. Und weil die vortrefliche Erziehung nicht weniger von Ihnen herkommen soll, als die vortrefliche Geburt: so glaube ich auch nicht weniger wahrhaft in meinen Prophezeihungen zu seyn, als ich itzt in der Versicherung bin, Zeitlebens zu seyn ꝛc. ꝛc.

Dieser Brief läuft von den Schönheiten der Vergrösserung und des Gegensatzes über. Jeder Period hat etwas von diesen beyden Stücken. Gleich in dem zweyten erscheint eine überflüßige Sentenz. Der dritte ist eine ungeheure Hyperbole. In dem folgenden setzt er, Freude geben und Freude annehmen, einander entgegen. Gleich darauf fällt ihm das Verlieren kieren der süssen Empfindung ein, um es den Wiedergeben entgegen zu stellen. Er fährt fort: "Ich habe es für meine Schuldigkeit er-„achtet, Ihnen für mein eignes Vergnügen „zu danken, das ich in dem Ihrigen finde.„ Wieder ein sinnreicher Spruch! Der folgende Period redet aus eben dem Tone. Darauf wechselt er mit einer Hyperbole von dem Lichte ab, mit dem die Marquisin die Welt ausgeschmückt. Nunmehr spielt er mit den Worten Poet und prophetisch. Er entschuldiget sich unmittelbar darauf wegen des Prophetischen in einem Gegensatze. Er kann nicht niedrig von einem Kinde denken, das von Aeltern herkömmt, für die er eine hohe Ehrerbietung hat. Und wie gekünstelt ist nicht der Schluß! Balzac gleicht beynahe in seinen Briefen einen Menschen, der nach dem Tacte auf einen zugeht, um ihm ein Compliment zu machen, der bald ein Seitenpas, bald ein Vorpas macht, darauf eine Capriole schneidet, und wenn er sich uns genähert hat, zu guter letzt mit dem einen Fusse battirt.

Wir wollen noch etwas weniges von den Briefen sagen, deren Inhalt aus blossen Erzehlungen besteht. Sie scheinen die leichtesten zu seyn, so wie sie vielleicht die gebräuchlichsten und nothwendigsten sind. Wenn man nichts sagen will, als daß heute dieser Fall, morgen ein andrer sich zugetragen hat: so wird freylich nichts leichter seyn. Aber dieses heißt eine

Sache

Sache nur erwähnen, aber nicht erzehlen. Wir wollen nicht bloß wissen, was vorgegangen ist, sondern oft auch, wie es erfolgt ist. Wir wollen eine Sache in den Umständen wissen, durch die sie eine Begebenheit geworden ist; allein, wir wollen sie auch bald wissen, und nichts hören, was nicht zur Sache etwas beyträgt. Aus diesem Grunde entstehen die Haupt-Tugenden der Erzehlung, die Deutlichkeit und die Kürze. Diese beyden Regeln zu vereinigen, ist die Kunst im Erzehlen. Man muß die Umstände prüfen können, die zur Sache gehören. Man muß die Ordnung nicht stören, in welcher sie auf einander gefolget sind. Man muß die geringen bald aussen lassen, bald etliche in einen zusammen ziehen, das heißt, sein Gedächtniß, seine Augen und Ohren mit Verstande ausschreiben, und nicht mehr Worte brauchen, als nöthig ist. Diese Art zu erzehlen, ist schon ein grosses Verdienst für Briefe. Allein man kann durch die Kürze leicht dunkel werden, und nicht allein der Deutlichkeit schaden, sondern auch der Erzehlung eine grosse Zierde, ich meyne, das Muntre dadurch benehmen. So erzehlen, daß man die Sache nicht allein versteht, sondern daß man glaubt, sie selbst zu sehen, und ein Zeuge davon zu seyn, das heißt lebhaft erzehlen. Dieses geschiehet durch die kleinen Gemälde, die man im Erzehlen von den Umständen, oder Personen entwirft, insonderheit wenn man die Personen zuweilen

weilen selbst reden läßt, und uns dadurch mit ihrem Character bekannt macht. Man redet oft selbst im Erzehlen den andern an, und fragt ihn, wie wir bey einer Sache zu thun pflegen, die wir mündlich erzehlen, oder die wir wirklich vorgehen sehen. Man antwortet sich; man streut kleine Betrachtungen ein, die uns unser Witz oder unsere Belesenheit hergeben. Alles dieses am rechten Orte, mit Anständigkeit, nicht zu häufig, kurz, so thun, daß alles, so sehr es entbehret werden kann, doch zur Anmuth der Geschichte unentbehrlich gewesen zu seyn scheint, dieses ist das Verdienst der Erzehlung. Selbst wenn sie prosaisch ist, bleibt sie noch allezeit auf gewisse Weise eine Art der Poesie. Wie es überhaupt in der Poesie gewisse Schönheiten giebt, die nicht durch Regeln erklärt werden können, die sowohl Glück als Sorgfalt sind; wie es in ihr, sowohl als in der Musik, namenlose Annehmlichkeiten giebt, die sich durch keine Methoden lehren lassen, und die, wie Pope* spricht, eine Meisterhand allein erreichen kann; so geht es auch mit vielen Schönheiten der prosaischen Erzehlung. Livius ist ein Meister in dieser Art zu erzehlen. Man darf nur seinen

---

*Some beauties - - no Precepts can declare,
For there's a happiness as vvell as care,
Musick resembles Poetry; in each Are nameless graces,
vvhich no methods teach
And vvhich a Masterhand alone can reach.

Essay on Criticium. v. 141.

nen Streit der Horazier und Curiazier mit des Herrn Rollins Anmerkungen lesen, wenn man sich davon überzeugen will. Die Personen, denen man erzehlt, können, nachdem sie hoch, oder uns gleich sind, im Erzehlen vieles verbieten, und vieles erlauben. Die Sachen, nachdem sie wichtig, oder nicht wichtig, weitläuftig oder kurz, traurig oder lustig sind, verlangen immer anders erzehlt zu werden. Man muß dieses der Klugheit eines jeden überlassen.

Wie wir nicht immer aus Nothwendigkeit mit einander reden, sondern auch zum Vergnügen: so giebt es auch Briefe, die zum Vergnügen geschrieben werden. In diesen Briefen haben wir die Erlaubniß sinnreich zu seyn, und tausend Dinge, die in ernsthaften Briefen unnatürlich seyn würden, können hier natürlich seyn. Es ist ganz etwas anders, bald im Ernste, oder zum Scherze sinnreich seyn. Ich will im Scherze nicht so wohl überreden, als den andern auf eine angenehme Art unterhalten. Er sieht meine Absicht, und willigt gleichsam unter der Bedingung darein, daß ich sie glücklich ausführen werde. Es ist also bey solchen Briefen nicht die Frage, ob man von dergleichen Dingen, als darinnen vorkommen, im gemeinen Leben so sinnreich, und so fortgesetzt sinnreich, zu reden pflegt. Nein, es ist die Frage, wenn man solche Briefe vor sich hat, ob die Sache die Einfälle verträgt, ob dieselben der Mühe werth sind, ob sie, als

witzige

witzige Einfälle betrachtet, gut und richtig sind, ob sie ungezwungen sind. Wenn das ist, so mag der Brief durch und durch sinnreich seyn, Er wird immer in seiner Art natürlich bleiben. Man betrachtet ihn nicht sowohl von der Seite eines Briefes; man sieht ihn für einen witzigen Aufsatz in Form eines Briefes an, und nach dieser Aussicht beurtheilt man ihn. Man untersucht nicht sowohl, ob uns oder vielen diese Art zu reden eigen ist, sondern vielmehr, ob sie dem Verfasser leicht geworden ist. Die Prosa ist, überhaupt betrachtet, allemal natürlicher, als die Poesie. Allein, wenn wir ein gut Gedichte lesen, in welchen alles ohne Zwang, und doch weit feiner gesagt ist, als man prosaisch davon zu reden pflegt: so ist es uns genug, daß diese Art zu denken dem Verfasser natürlich läßt, und wir wissen es ihm Dank, daß er so und nicht anders mit uns geredet hat. Wir fragen nicht, ob es ihm keine Mühe gekostet, ob er keine Kunst dabey angewandt hat. Wir sind zufrieden, wenn wir diese Mühe, diese Kunst nicht sehen. Es gefällt uns an ihm, daß er so glücklich ist, immer das Beste und Feinste an einer Sache zu finden, ohne darnach gerungen zu haben. Wir halten seinen Witz für keine Pralerey, wenn wir sehen, daß er nicht sowohl für seinen Ruhm, als für die Sache und für unser Vergnügen besorgt gewesen ist. Eben dieses findet auch bey den sinnreichen Briefen statt, in so weit diese sinnreiche Art zu denken

nicht

nicht vielen, sondern nur wenigen eigen ist. Man tadelt die Fontenellischen und andre diesen ähnliche Briefe nicht deswegen, weil wir ordentlich in unsern Briefen nicht sinnreich zu reden pflegen; sondern deswegen, weil ihr Sinnreiches nicht selten gezwungen und frostig ist; wenigstens sollte man sie nur aus diesem Grunde tadeln. Wenn endlich solche Briefe auch ihrer Natur nach gut sind, so ist es doch kein Wunder, wenn eine ganze Sammlung von scharfsinnigen Schreiben den Leser bald müde macht. Je länger unser Geist von einem angenehmen Eindruck angestrenget wird, desto geschwinder wird das Vergnügen, das wir dabey empfinden, zum Verdrusse. Und ob der Wein gleich weit geistreicher ist, als das Wasser, und ob wir ihn gleich mehr lieben, als dieses: so werden wir ihn doch weit eher satt. Die sinnreiche Schreibart greift unsern Geist empfindlich an. Sie giebt uns immer etwas zu thun, indem sie uns das Unerwartete, das Neue wahrnehmen läßt; aber eben dadurch ermüdet sie in der Länge. Wie aber solche Briefe einzeln geschrieben werden: so sollte man sie auch nach der Wirkung, die sie einzeln thun, beurtheilen, und nicht aus dem, was sie verursachen, wenn man sie hinter einander liest. Allein auch einzeln genommen, können sie ermüden, wenn sie lang, und immer aus einem Tone sinnreich sind; so wie überhaupt eine abgemeßne, geschmückte und leb-

hafte

hafte Schreibart, ohne Abwechselung, ohne Mannigfaltigkeit, wenn sie auch mit guten und hellen Farben ausgemalt ist, dennoch, weder in der Poesie, noch in der Prosa lange vergnügen kann*. Man sollte also die sinnreichen Briefe nur kurz machen; und wenn dieses nicht angehet, doch nicht Schritt vor Schritt sinnreich seyn. Ein anders ist, sich in der Schreibart ungleich werden, und aus dem Feinen in das Grobe fallen; ein anders, die Schreibart nicht immer gleich durch anstrengen. Niemand muß einen Anspruch auf diese Gattung der Schreibart machen, den die Natur nicht dazu gebildet hat. Und niemand, dem es an Lebhaftigkeit und einem lachenden Witze fehlt, wird es durch alle Regeln, durch alle Mühe, auch nur bis an dem Leidlichen in der sinnreichen und scherzhaften Schreibart bringen. Alle Regeln werden ihm zu nichts helfen, als daß er auf ihre Rechnung Fehler macht. Wenn man den Klugen durch seinen Scherz nicht gefällt, so kann man sicher wissen, daß man keine Gabe dazu hat, wenn man auch noch so viel Lust dazu hätte. Wer eine Fähigkeit zu dieser Schreibart hat, bey dem wird sie durch das Lesen muntrer Briefe nicht

* Vel ex poëtis, vel ex oratoribus possumus iudicare, concinnam, distinctam, ornatam festinam, sine intermissione, sine reprehensione, sine varietate, quamvis clara sit coloribus picta vel poesis, vel oratio, non posse in delectatione esse diuturna. Cic. de Orat. L. III. p. 477. edit. Elz.

nicht allein erweckt, sondern auch zugleich befruchtet werden. Er wird nicht nöthig haben, daß man ihm die Quellen anzeigt, aus welchen man schöpft, wenn man scherzhaft und galant seyn will; wenn man z. E. Höhere zum Scheine tadeln, ihnen zum Scheine widersprechen, ihnen zum Scheine nicht gehorchen; wenn man denen Vorwürfe machen will, denen man aus Ehrerbietung keine machen soll; mit denen von Liebe reden will, die man beleidigen würde, wenn man es auf eine ernsthafte Art thäte. Man wird in den Poesien des Abts Chaulieu verschiedene schöne Briefe von dieser Art finden, die er an die Herzogin von Bouillon geschrieben hat.

Es giebt eine muntre Art zu reden, die der Freundschaft und Liebe insbesondere eigen ist. Sie kömmt mehr aus dem Innersten des Herzens, als aus dem Ueberflusse des Witzes her. Sie ist nicht so wohl sinnreich, als naiv. Man sagt seine wahre Meynung mit einer gewissen Sorglosigkeit, mit einer Offenherzigkeit, die den Wohlstand zu vergessen scheint, und die doch gefällt, weil sie aus einem freudigen und immer zufriedenen Herzen quillt. So redet die muntre Babet mit ihrem Liebhaber. Sie liebt ihn im Ernste, und redet doch selten ernsthaft von der Liebe. Alles ist Scherz, und doch Scherz, der aus Zärtlichkeit entspringt. Ihr Charakter ist Freude und Vergnügen, so wie der Charakter des Chaulieu, und ihre Liebe rich-

richtet sich nach diesen Charakter. Sie sagt mitten im Lachen ihrem Liebhaber die zärtlichsten Sachen. Sie nimmt sich kleine Freyheiten heraus, welche Mannspersonen unverschämt lassen würden; allein ihr stehen sie wohl. Man muß auch mehr, als einen lesen, wenn man ihre Schreibart schmecken will. Eine Uebersetzung davon findet man in den gesammelten Frauenzimmerbriefen.

Von solchen aufgeweckten Briefen trift man verschiedene gute in den griechischen Briefen des Alciphrons und Aristänets an; denn alle kann man sie von einem gewissen sophistischen Witze wohl nicht frey sprechen. Wer diese oft sehr freyen Galanterien im Griechischen nicht lesen kann, der muß mit einer nicht ganz getreuen Uebersetzung * zufrieden seyn, die man im Französischen davon hat. Des Alciphrons Briefe sind nicht alle übersetzt, sondern nur die galanten gewählt. Es stehen in den bremischen Beyträgen, im zweyten Bande, ein

---

* Lettres d'Aristenete aux quelles on a ajouté les Lettres choisies d'Alciphron, traduites du Grec. à Londres 1739. Aristänets Briefe sind eher Gemälde und Beschreibungen, als Briefe im gewöhnlichen Verstande. Wer die meisten griechischen Briefe, Briefe von fünf oder sechs und dreßig verschiedenen Verfassern, theils Philosophen, theils Rednern und Lehrern der Redekunst beysammen sehen will, der findet sie in einer Sammlung in zween Bänden in 4. die Aldus Manutius 1499. zuerst herausgegeben.

ein paar Uebersetzungen, die man mit Vergnügen lesen wird.

Viele von den scherzhaften Briefen des le Pays im Französischen, und die meisten von denen, die man von Neukirchen in dieser Art hat, fallen zu sehr in das Kurzweilige, in das Grobe, oder auch Frostige, als daß man sie jemanden anpreisen könte. Man lese folgenden Brief von Neukirchen, wenn man sich einen Eckel vor der unverschämten Art zu scherzen erwecken will.

An Callisten!

Meine Jungfer!

Ich habe schon anderthalb Tage nichts gegessen, und ängste mich so abscheulich, daß ich mir nicht mehr ähnlich sehe. Meine Jungfer wird vielleicht meynen, daß ich es darum thue, weil sie schon zwey Tage mit mir gezürnet. Es ist wohl etwas, aber die größte Schuld hat mein Phi ax, welcher gestern frühe verschieden, und ein unglückliches Ende genommen, daß die Seele schon vor der Thüre war, als mein Junge mir allererst verkündigte, daß er stürbe. Ich kann nicht sagen, wie ich mich darüber quäle, absonderlich, weil mich alle meine Leute beschuldigen, daß ich an seinem Tode Ursache sey. Der arme Schelm hatte unsers Nachbars Amarelchen gesehen, und besuchte sie etliche Tage nach einander so oft, daß ich endlich fürchtete, es möchte zu einer wahrhaften

Liebe ausschlagen. Weil ich nun aus meinem eignen Exempel wußte, daß nichts schädlicher sey, als dies Feuer, wenn man es nicht bey Zeiten löschet: so wollte ich ihm die Gelegenheit darzu benehmen, und schloß ihn etliche Tage in meine Kammer. Inzwischen unterhielt ich ihn mit guten Speisen, ich schmeichelte ihn mehr als sonsten, und bemühte mich auf allerhand Art, ihn aufzumuntern: Aber dessen allen ohngeachtet blieb er betrübt, und rührte sich nicht von der Stelle, wenn ich ihn nicht mit Gewalt aufjagte, bis endlich dieser erbärmliche Fall erfolgte, und er sich vor Herzeleid und Kummer todt gegrämet. Ich weis, daß ihm meine Jungfer sehr wohl gewollt, und darum kann ich mir leicht einbilden, wie sie sich über diese Zeitung geberden wird. Wie? wird sie sagen: Hätte er denn nicht können klüger seyn? Der arme Hund hat es ihm ja genug gewiesen, daß er ohne seine Buhlin nicht länger leben könte: Warum hat er ihn nicht wieder losgelassen? Ich bekenne es, meine Jungfer, ich habe geirret, und wann ich gewußt hätte, daß ich irrete, so würde es wohl schwerlich geschehen seyn. Allein meine Jungfer weis, daß Sie mich quälet, Sie hat meine Liebe selbst angezündet, und kann leicht schliessen, daß ein Mensch empfindlicher ist, als ein Hund, und daß ihr alle Stunden an mir begegnen kann, was ich an meinen Philax erlebet. Gleichwohl höret sie nicht auf, mich einzukerkern, und meynet, Sie habe ihre Sache ganz wohl gethan, wenn Sie mich nur mit Worten

spei-

speiset, da Sie mich doch durch ihre unerträglichen Gesetze zu Grabe schicket. Ach Calliste! Sie beherrschet mich allzustrenge. Je mehr ich mich bemühe zu thun, was sie befiehlet, je mehr befiehlt sie mir zu thun, was ich nicht kann. Und also ist es unmöglich, ihr zu zeigen, daß ich wahrhaftig sey, wie ich es doch von Herzen bin.

Meine Jungfer!

Dero gehorsamster Knecht ꝛc.

Muß Calliste nicht ein Vergnügen über diese schalkhafte Vergleichung gehabt haben, durch die sie erinnert wird, daß die Liebe ihres Liebhabers gegen sie eben so stark, ja wohl noch stärker ist, als die Liebe seines Hundes gegen Nachbars Amaretchen war? Hätte der Verfasser wohl ein nachtheiliger und schmutziger Bild für sich und seine Schöne wählen können? Es hat sich schon vor Neukirchen ein Autor unter den Deutschen gefunden, der seine Landsleute in Briefen hat wollen scherzen und galant sprechen lehren. Ich meine den Verfasser der Neu-Aufgerichteten Liebes-Cammer *, Franziscy. Damit also die Jugend ermuntert werde,

sich)

---

* Der ganze Titel dieses Buchs heißt: Neu-Aufgerichtete Liebes-Cammer, darinn allerhand höflich verliebte Sendschreiben an das löbliche und anmuthige Frauenzimmer, auch andre Personen, abgefaßt und beantwortet sind: voll mancherley Erfindungen so-

Von dem guten Geschmacke

sich dieses lustige und nützliche Buch bekannt zu machen, und ihren Geschmack in scherzhaften und galanten Briefen darnach zu bilden: so will ich ein Exempel daraus hersetzen:

CCI. Brief.
An Clymenen.

Was ein Kuß sey.

Zum höchsten wundert mich, schönste Clymene! daß sie von mir schriftlich verlangt zu wissen, was eigentlich ein Kuß sey: da ich doch vermeyne, es könte ihr diese Wissenschaft mündlich viel bequemer werden beygefügt. Denn dafern sie nur einen einigen aus gewogenem Herzen rührenden mir ertheilte; würde sonder Zweifel die erfolgliche Empfindung ihr gnugsamen Unterricht geben, was das Küssen sey und bedeute, und was Sinnen-beliebte Veränderungen daraus entstehen. Weil sie derwegen die geschickteste Meisterin ist, eine solche Frage aufzulösen: möchte ich die Antwort lieber geben, als schreiben, wann es nach meinen Wunsch und Gefallen ergienge. Ich will aber meine Meynung unter ihren Willen demüthigen, und kürzlich ihren gnädigen Befehl verrichten, so gut es immermehr

mög-

wohl zierlicher Schreibart, so der Jugend nicht nur lustig, sondern auch guten Theils nützlich zu lesen, erbauet durch E. F. 1679.

möglich in einer Sache, welche sich besser durch die That, weder mit Worten und Buchstaben erklärt.

Jedoch wisse die Schönste, daß ich solches so bloß, ohne Bedingung einiges Lohns, nicht thun könne; besondern aufs wenigste ein paar Küsse, zur Vergeltung meines Diensts, darüber hoffe; um zu prüfen, ob meine Feder wohl oder übel davon geschrieben.

Der Kuß ist gleichsam das aufgedruckte Siegel eines Lieb- und Treubeflissenen Willens. Ein Pfandschilling künftiger Vereinigung. Die stumme, aber allervernehmlichste Sprache des verliebten Herzens: Ein Geschenke, das man giebt und verliert: Ein Abdruck brünstiger Zuneigung auf einer Korallinenpresse: Ein paar gegen einander schlagende Feuersteine: Ein Karmesinrothes Wundenpflaster der Liebe: Ein süsser Lippenbis: Ein holdseeliger Munddruck: Eine Speise, die man mit rothen Löffeln zu sich nimmt: Ein Zuckerbrod, das nicht sättiget: Ein Obst so man sogleich pflanzet und abbricht: Die allerschnellste Frage und Antwort zweyer Herzen: der vierte Grad der Liebe.

Befindt Sie diese Beschreibung und Eigenschaften des Kusses nicht richtig: Wohlan, Schönste! so laßt uns eine nach der andern an unsern Lippen fürnehmen und examiniren, und wiederlegt mich durch die Erfahrung, so ichs etwan nicht recht getroffen.

Ihrer Liebe Ergebner

N. N.

Ein Kuß ist ein Abdruck brünstiger Zuneigung auf einer korallinen Presse. Die Lippen sind koralline Pressen, denn sie sehen roth, und lassen sich von der Zuneigung, wie vom Drucker zusammenziehen, und daraus entsteht ein Abdruck, das ist der Kuß. Ein Kuß ist ein Paar gegen einander schlagende Feuersteine. Hört man bey dieser Abbildung nicht die Küsse vernemlich schallen? Und weil die Küsse das Feuer des Herzens vermehren: so sind sie freylich Feuersteine. Das karmesinrothe Wundenpflaster der Liebe, und die Speise, die man mit rothen Löffeln zu sich nimmt, verstehet sich von sich selbst. Daß aber der Kuß der vierte Grad der Liebe seyn soll, möchte manchen deswegen nicht gefallen, weil er nicht weiß, was die ersten drey Grade sind, und weil ihm vielleicht die Grade der Tortur dabey einfallen könten; wozu das Vorhergehende, die allerschnellste Frage und Antwort zweyer Herzen, auch etwas beyzutragen scheint.

Muß man nicht glauben, wenn man dergleichen Schriften ließt, daß die Ausländer ehedem nicht unrecht gethan haben, wenn sie den deutschen Witz zu einem Sprichworte gemacht? In welcher Sprache hat man, auch in den Zeiten des schlimmsten Geschmacks, so viel ausserordentlich elende und so wenig schöne Werke der Wohlredenheit und Poesie angetroffen, als vielleicht in der Unsrigen? Und wenn werden wir den Schimpf der schlechten Schriften durch den

den Werth so vieler guten auslöschen können? Ich habe diese Exempel gar nicht angeführt, um darüber zu spotten, denn dazu gehört sehr wenig: sondern um die Jugend zu erschrecken, und ihr sichtbar zu zeigen, in welchen witzigen Unsinn man verfallen, und wie sehr man sein Vaterland verunehren kann, wenn man ohne Geschmack, ohne Regel, ohne die Alten zu kennen, die Feder ansetzt. Die Bitterkeit ist mein Fehler gar nicht; allein ich würde meiner selbst gespottet haben, wenn ich dergleichen Beyspiele ernsthaft hätte beurtheilen wollen.

Unter den deutschen Briefen, aus unsern Zeiten, haben sich die Freundschaftliche Briefe in Ansehung des vertrauten Scherzes, und, in ihrer Art, Sendschreiben an gute Freunde, die in Danzig als ein Wochenblatt herausgekommen sind, den meisten Beyfall erworben. In der That muß man sich wundern, warum es in unsrer Sprache noch so sehr an guten Briefen und Romanen fehlt, da man in den übrigen Arten der Beredsamkeit und der Dichtkunst schon glücklich gewesen ist. Sollten denn gute Redner und Poeten nicht auch gute Briefe schreiben können? Sehen wir dieses nicht am Cicero, Plinius, und unter den Neuern am Chaulieu, an Racinen, an Rousseau, an Voltairen, an Popen*, und vielen andern? Sind wir schon zu groß, als daß wir uns bis auf

Brie-

---

* In seinen galanten Briefen werden vielleicht nicht alle dasjenige finden, was sie von einem so gro-

Briefe herunter lassen sollten, oder sind wir zu bequem dazu? Ist unsre Sprache zu starr und unbiegsam, oder schreiben wir mehr Briefe in fremden Sprachen, als in unsrer eigenen? Oder sind wir nur zu derjenigen Beredsamkeit geschickt, welche Mühe und Kunst verlangt? Vielleicht machen es einige von diesen Umständen, daß wir noch nicht mehr Briefe im guten Geschmacke haben. Vielleicht heben auch geschickte Leute aus Bescheidenheit ihre Briefe nicht auf. Vielleicht ist es auch gefährlich, wahre Briefe herauszugeben, weil man oft der Welt seine Heimlichkeiten verrathen, und ihr durch seine Briefe seinen Charakter entdecken muß. Allein, aller dieser Ursachen ungeachtet, haben doch andre Nationen ihre guten Briefe in ihrer eigenen Sprache; und ich weiß nicht, was die Ausländer, wenn sie unsre Sprache lernen, von uns denken sollen, daß wir keine haben; oder was sie von dem Geschmacke eines Landes denken sollen, daß für unnatürliche Briefe eingenommen ist. Wie man auf den guten oder bösen

dem Namen erwarten. Wie glücklich hat einer seiner Landsleute das Eigenthümliche der Briefe zu treffen gewußt! Ich rede von dem Verfasser der Clarissa. So verschieden die Charaktere seiner Personen sind, so läßt er doch jede, von der Clarissa an bis auf die Arabella herab, so schreiben, wie diese Personen geschrieben haben würden, wenn sie wirklich existiret hätten; und dieses Meisterstück des Witzes verdient unter den Briefen eine eben so vorzügliche Stelle, als unter den Romanen.

bösen Geschmack einer Nation aus den öffentlichen Lustbarkeiten, aus den Schauspielen schließt, die sie liebt: so schließt man vielleicht noch sicherer aus der Schreibart, die sie zu dieser oder jener Zeit in ihren Briefen liebt, auf ihre gezwungene oder ungezwungene, auf ihre guten oder ausschweifenden Sitten, und auf die pedantische oder vernünftige Art ihres Umganges. Den guten Geschmack in einem Lande überhaupt, und insonderheit den guten Geschmack in Briefen herzustellen, braucht nicht eine grose Anzahl guter Köpfe auf einmal aufzustehen. Nein, etliche wenige, die zu einer leichten und lebhaften Schreibart gebohren sind, werden in kurzer Zeit, ohne alle Regeln, bloß durch ihre Klugheit beynahe alles ausrichten. Sie ziehen durch ihre natürlichen, einfältigen, und oft unnachahmlichen Schönheiten die Leser an sich; sie erwerben sich in kurzem die meisten Stimmen. Man liest sie, weil sie uns gefallen. Man liest sie wegen der Hochachtung, die sie sich bey andern erworben haben, eben so begierig, als seines eignen Vergnügens wegen. Diejenigen, die nicht gleich das Gute und Feine dabey empfinden, schämen sich doch, den Klugen und den Meisten wiedersprechen, und treten halb gezwungen auf die Seite des guten Geschmacks. Man ahmet endlich diese Beyspiele nach, und will eben so schön schreiben, wenn man gleich nicht mit gleichem Glücke schreibt. So werden durch wenig gute Beyspiele, die in ihrer Art

vor-

vortreflich sind, die richtigen Empfindungen des Natürlichen und Feinen in andern erweckt, und unterhalten, und der gute Geschmack geht vom Freunde zum Freunde, vom Vater zum Sohne, von der vernünftigen Mutter zur Tochter fort, und wird der herrschende Geschmack.

Ein Redner und Poet zu werden, das steht nicht in unsrer Gewalt; aber seine Gedanken von Dingen, die entweder keine Gelehrsamkeit erfodern, oder die uns bekant sind, in einer anständigen und vernünftigen Schreibart vorzutragen, diese Geschicklichkeit können sich alle junge Leute durch eine gewisse Uebung erwerben. Gleichwohl treiben sie die beyden ersten Künste oft lieber fruchtlos, als daß sie sich mit der beschäftigen sollten, in welcher sie glücklicher seyn könten. Wenige von denen, die studiren, sind genöthiget, öffentliche Redner abzugeben; aber keiner kann die Schreibart der Briefe und die Beredsamkeit des gemeinen Lebens entbehren. Und mich deucht, wenn junge Leute bedenken wollten, daß Briefe wider unsern Willen Verräther unsers Verstandes, und oft unsers ganzen Charakters sind; daß sie Mittel sind, andern eine gute oder schlechte Meinung von unserer Geschicklichkeit beyzubringen; daß sie Beweise sind, ob es dunkel oder helle, ordentlich oder unordentlich, gesund oder krank in unserm Geiste aussieht, ob wir zu leben wissen oder nicht; daß sie also sehr oft Mittel sind, uns Hochachtung und Liebe zu erwerben, unser Glück

Glück zu befördern oder zu hindern: so sollten sie sich mehr Mühe um die Schreibart der Briefe, und da diese, ohne die Kenntniß der Sprache, nicht richtig seyn kann, auch mehr Mühe um ihre eigne Sprache geben. Cicero, so groß er war, war doch nicht zu groß, um sich nicht bis zu einen Sprachfehler* mit seiner Kritik herab zu lassen, den sein Tiro in einem Briefe begangeu hatte. Wie sorgfältig bestraft nicht Racine, der Aeltere, seinen Sohn in seinen Briefen, wenn er ein Wort unrecht gebraucht! Es ist ein Vergnügen, wenn man sieht, daß so große Geister über die Richtigkeit ihrer Sprache so gar in Briefen gewacht haben. Gut und richtig schreiben, wenn man sich einmal dazu gewöhnt hat, kostet nicht mehr Mühe, als schlecht schreiben. Schlechte Briefe schreiben, und studirt haben, das macht dem Studiren nicht viel Ehre. Und wenn man auch nichts sucht, als verstanden zu werden: so ists doch gewiß, daß keine Schreibart leichter verstanden wird, als die gute. Man sollte also selbst an die niedrigsten Personen, seines eignen Nutzens wegen, immer noch gut schreiben. Ich will durch alles dieses niemanden, der einmal

in

---

* ‒ ‒ Sed, heus tu, qui καινὸν esse meorum scriptorum soles, vnde illud tam ἄκυρον, valetudini fideliter inseruiendo? vnde in istum locum *fideliter* venit? cui verbo domicilium est proprium in officio ‒ ‒ *Epist.* 17. Lib. XVI.

in dem Besitze einer üblen Schreibart ist, in seinem Rechte stören. Nein, man kann sie haben, und immer noch ein wackerer und brauchbarer Mann seyn. Ich will nur diejenigen jungen Leute, die gütig genug sind, eine Bitte von mir anzuhören, ersuchen, daß sie sich bey Zeiten an eine natürliche und regelmäßige Schreibart in Briefen gewöhnen; daß sie sich ihre Aufsätze von guten Freunden und Kennern beurtheilen lassen. Diese Kritiken werden sie aufklären, und sie das Natürliche, das Wohlanständige besser finden lassen, als dicke Bände voll trockner und unbestimmter Regeln.

Briefe.

Briefe.

Erster Brief.

An den

Herrn Rittmeister von B****.

Es ist wahr, meine Briefe an Sie enthalten beynahe einerley; immer Versicherungen, daß ich Sie von Herzen liebe, daß ich Sie hoch schätze; immer Danksagungen und gute Wünsche. Aber was kann ich dafür? Liebte ich Sie weniger, und wären Sie nicht so redlich gegen mich gesinnet: so würde ich nicht beständig von Ihnen und von meiner Ergebenheit reden können. So lange Sie also Ihr Herz gegen mich nicht ändern, (und wie könten Sie das?) so stehen Sie beständig in der Gefahr, einerley Briefe von mir zu lesen. Doch was schadets? Können die Verliebten in ihren Briefen, ohne es überdrüßig zu werden, von nichts, als von Liebe, reden; so müssen auch gute Freunde von der Freundschaft reden können;

ohne

ohne dabey müde zu werden. Mögen doch andre ihre Blätter mit täglichen Neuigkeiten anfüllen, wir wollen sie mit den Empfindungen unsers Herzens anfangen und beschliessen. Es ist für mich eine Sache von der größten Wichtigkeit, Ihr Freund zu seyn, und ich fühle so viel Vergnügen dabey, wenn ichs Ihnen sage, daß ichs Ihnen ganz gewiß noch viel hundertmal sagen werde. Leben Sie wohl, und lieben Sie mich.

Zweyter Brief.

Madame!

Freuen Sie sich! Ich bin entsetzlich für meinen Eigensinn bestraft worden. Dasmal auf einer Landkutsche gefahren, und nimmermehr wieder! Sie haben mir dafür, daß ich mich nicht erbitten lassen wollte, noch einen Tag länger bey Ihnen zu bleiben, und die Post zu erwarten, unmöglich so viel Böses wünschen können, als mir auf meiner Rückreise begegnet ist. Ueber sechs Meilen habe ich zween Tage auf der Kutsche und eine Nacht in der Schenke zubringen müssen. Werden Sie das wohl glauben? Den linken Arm trage ich in einer Binde, und ich wäre sehr glücklich, wenn ich den Kopf auch in einer tragen könte; so zerschlagen ist er mir. Ich habe binnen acht Tagen noch nicht ein vernünftiges Wort denken können, und wer weis, ob ichs

jemals

Zweyter Brief.

jemals wieder lerne. Das hätte noch gefehlt! Doch die Beschwerlichkeiten des Fuhrwerks sind immer noch das wenigste, wenn ich an meine Reisegefährten denke. Stellen sie sich einmal vor, wie ich in einem schwer bepackten Wagen nebst drey Personen unter einem blauen Tuche, darunter man hätte ersticken mögen, eingeschlossen sitze. Ich will Ihnen diese Leute auf die Art bekant machen, wie ich sie habe kennen lernen. Ein bejahrter Mann mit einem hagern Gesichte, das völlig ein Dreyeck ausmachte, mit ein Paar kleinen pechschwarzen Augen, mit einer Nase, die ganz über seinen Knebelbart herunter hieng; kurz, ein Mann in einer gelben Perücke, in einem grünen Rocke, in einer ledernen Weste, mit einem schwarzen Degengehenke umgürtet, die blauen Strümpfe nicht zu vergessen, war mein Nachbar. Ich sahe ihn Anfangs für einen Zahnarzt an, und hielt den Mund fest, damit er nicht etwa mitten im Fahren seine Kunst an mir probiren möchte. Indem ich die übrigen Gesichter aufsuchen will: so stößt er mich ziemlich freundschaftlich in die Seite, und präsentirt mir seine beinerne Schnupftobacksdose. Mit Verlaub, fieng er an, wo wollen Sie hin? Ich antwortete ihm kurz, nach Leipzig, und machte ihm eine finstere Miene, weil ich nicht mit ihm reden wollte. Aber je finsterer ich aussahe, destomehr gewann er mich lieb. Ich dachte, fuhr er fort, Sie wollten etwann übermorgen der Execution in Zeiz mit beywohnen. Es soll eine arme Sünderin geköpft werden, und einer von unsern Leuten soll sein Probestück machen. Ich will gerne sehen, wie es ablaufen wird. Er hat mir geschrieben, daß die Deliquentin einen sehr kurzen Hals hat. Je nun, wenn er sich auch nicht daran wagen wollte: so bin ich doch da. Und wenn der Hals in den Schultern steckte; so muß er bey mir auf einen Hieb herunter. Hier fühlte ich wirklich nach meinem Kopfe. Ich zitterte, ich sahe das Stühlchen bringen, ich sahe das Schwerdt unter einem blauen Mantel hervorragen, ich sahe alles. Einer von den beyden übrigen Reisegefährten, der, wie ich am Ende erfuhr, ein Leinweber war, bezeugte unserm ehrwürdigen Manne die meiste Hochachtung, und erkundigte sich sorgfältig bey ihm nach allen Personen, die in diesem Jahrhunderte im Sächsischen waren abgethan worden. Und das war unserm Scharfrichter schon recht. Er erzehlte mit einer henkerischen Beredsamkeit alle Executionen, denen er als eine Hauptperson, oder als Collega, seit der Zeit seines tragenden Amtes, das hieß, seit fünf und vierzig Jahren beygewohnet hatte, und wünschte nichts mehr, als daß er sein künftiges Jubiläum recht feyerlich, nemlich mit dem Schwerdte in der Hand begehen möchte. Ein kalter Schauer lief mir nach dem andern über den Leib; allein ich konte zu keiner Ohnmacht kommen; denn er weckte mich allemal durch eine Henkergeschichte, die noch schrecklicher als die erste war, wieder auf. Unter diesen freundlichen

chen Gesprächen, wozu noch seine Curen kamen, die er an Menschen und Vieh gethan hätte, waren wir zwo Meilen weit gefahren, und also schon in R = = =. Hier stieg unser Scharfrichter ab, und bedauerte sehr, daß er das Vergnügen nicht haben könte, weiter mit uns zu reisen, weil er sich hier wegen seiner Patienten, (es war eine Viehseuche in dem Dorfe) einen Tag lang aufhalten müßte. Nunmehr hohlte ich das erste mal aus freyer Brust Athem, nachdem ich drey Stunden, wie eine Taube, die den Stösser sieht, mich nicht geregt hatte. Ich dankte dem Himmel, und wünschte dem Scharfrichter noch allerhand Böses, als ein junger Mensch, den ich noch wenig bemerkt hatte, aus dem Hintertheile der Kutsche hervorkroch, und des Scharfrichters Platz, der bequemer war, einnahm. Ich sahe ihn für einen jungen Studenten aus J = = an, und er ließ mich nicht lange in meiner Ungewißheit. Er hatte gehöret, daß ich nach Leipzig wollte, und mochte mich, meiner verdrießlichen Mine wegen, vermuthlich für einen Schulcollegen halten. Er war eben nicht ungesittet, aber desto gelehrter. Er besuchte nach einem halben akademischen Jahre seinen Herrn Vater zum erstenmale, und wollte vermuthlich an mir die Weisheit versuchen, die er zu Hause ausschütten wollte. Der Leinweber schlug sich Feuer zum Tobak an. Dieses erinnerte meinen jungen Gelehrten an die Elektricität. Er brachte die ganze Sache in ein System, und docirte so gelehrt, daß der Leinweber vor Erstaunen

nen die Pfeife aus dem Munde fallen ließ. Er hielt mein Kopfschütteln, das mir das Stoßen des Wagens verursachte, unstreitig für einen Widerspruch. Dieses machte ihn nur hitziger, und seine Augen wurden ganz elektrisch. Er fiel auf den zureichenden Grund, und demonstrirte mir, daß mir die Haare zu Berge stunden. Ich wollte eben aus dem Wagen steigen, als der Leinweber zu ihm sagte: Ich möchte Sie predigen hören, es geht Ihnen vortreflich vom Munde. Ja, sagte er, ich werde die Kanzel bey meinem Vater besteigen. Sind Sie ein Theolog? fieng ich in aller Angst an, ich dachte, Sie legten Sich auf die Philosophie. Nein, rief er, ich räume nur durch die Philosophie in der Theologie auf. Wer nicht demonstriren kann, kann auch keine Bibel erklären, und noch weniger predigen. Mosheim und Jerusalem, das sind Schwätzer: mein Zuhörer muß überzeugt werden ‒ ‒ ‒. Hier hätte ich beynahe den Scharfrichter wieder zurück gewünscht; denn so lange dieser da gewesen war, hatte unser Demonstrant kein Wörtchen geredet. Ich fragte ihn endlich aus Bosheit, ob er auch ein Poet wäre. Er versicherte mich, daß er es schon auf der Schule weit in der Poesie gebracht hätte, itzt aber käme ihm ein Poet wie ein Seiltänzer vor. Er schalt auf den Herrn von Hagedorn, und von meinen Versen sagte er, daß kein Judicium darinnen wäre. Lob genug! Zu meinem Glück konnte er das Fahren nicht länger vertragen. Er stieg ab, und der Leinweber gieng

aus

Zweyter Brief.

aus Dankbarkeit mit unserm Kunstrichter etliche Stunden zu Fuße. Auf einen so glücklichen Tag solte eine noch glücklichere Nacht folgen. Unser Kutscher kehrte in einem Dorfe ein. Der Wirth von der Schenke war mit seiner Frau auf eine Hochzeit gereiset, und hatte die Herrschaft seinem Sohne, einen Lümmel von funfzehn Jahren, überlassen. Sie können leicht denken, daß nichts zu essen da war; aber das verschlug mir nichts. Der Hunger vergieng mir, so bald ich in die Stube trat. Ich wünschte mir nichts, als gut Wasser. Man brachte mir ein Glas, und in dem Glase zugleich alle Gattungen von Gewürme, die in dieser Gegend seyn mochten. Ich fragte, ob ich keine Stube oder Kammer mit einem Bette bekommen könte, und versprach, es doppelt zu bezahlen. Aber vergebens! der junge Laffe antwortete mir, daß sie ihre Kammern selber brauchten, und in den meisten Obst liegen hätten. Ich klagte meine Noth dem Fuhrmanne; dieser brachte es so weit, daß die Streu um neun Uhr zurechte gemacht wurde. Ich war krank und konte nicht länger aufdauern. Kaum hatte ich mich auf das Stroh geworfen, und den Fuhrmann gebeten, sich neben mich zu legen, damit ich vor dem Gelehrten sicher seyn möchte, als man die Tische aus der Stube schaffte. Hierüber wurden alle die jungen Hüner, Gänse, Schweine und was zeither unter dem Ofen geschlafen hatte, lebendig, und besuchten mich, eins um das andere, auf meinem

Lager

Lager. Gleich darauf kamen vier bis fünf Mägde mit Körben, und schütteten Hopfen in die Stube.

Was soll denn das werden? fieng mein Fuhrmann, der schon bey mir lag, an.. Wir wollen Hopfen lesen, rief des Wirths Sohn, ich habe jung Volk aus dem Dorfe dazu gebeten, damit wir bald fertig werden. Ach Madame! wie ward mir bey dieser Anstalt zumuthe? Bis um zwölf Uhr mußte ich das Lermen und den Witz einer Stube voll verliebter Knechte und Mägde anhören. Mein Fuhrmann, den ich in der Angst umarmte, und ihm alles versprach, und ihn zu meinem Erben einsetzte, so krank war ich, fieng an zu schmählen, und zwar ziemlich nachdrücklich. Er redete mit des Wirths Sohne von der Peitsche. Aber was war es? Eine verbuhlte Magd kam, und kützelte ihn auf der Streu, und brachte es mit ihren Liebkosungen dahin, daß er aufstund und selbst mit scherkerte. Nun war ich ohne Trost. Der Hopfen war gelesen, die Stube ward ausgekehrt, und itzt nahm der junge Wirth seine Geige von der Wand, und spielte sein Leibstückchen. Der Großknecht nahm die Großmagd bey der Hand, und eröfnete den Ball.

Ich hätte vor Staub ersticken müssen, wenn ich länger liegen geblieben wäre. Ich bat des Wirths Tochter, ein Mägdchen, das zu stolz war, mit zu tanzen, sehr demüthig, daß sie mir eine Kammer einräumen sollte. Kurz, ich bewegte sie, daß sie mich in ihre eigene führte,

und

Zweyter Brief.

und mir auch ein Nachtlicht gab. Ich warf mich auf das Bette, von dem Hopfengeruche, und dem Staube, und der Musik ganz betrunken. Ehe ich so glücklich war, ein Auge zuzuthun, liefen ein paar Mäuse schrecklich über mich weg. Ich, der ich vor diesen Thieren natürlicher Weise zittere, sprang aus meinem Bett, setzte einen Stuhl auf den Tisch, und mich auf den Suhl, und so blieb ich sitzen, bis ich hörte, daß der Fuhrmann die Pferde fütterte. Ich würde nicht fertig werden, wenn ich Ihnen alles auf einmal erzehlen wollte. Vergeben Sie mir, daß ich ihnen schon so viel erzehlt habe. Wer redet nicht gern von seinen ausgestandenen Unglücksfällen? Ich küsse Ihnen die Hand für alle die Freundschaft, die Sie mir acht Tage lang in Ihrem Hause erwiesen haben, und thue ein Gelübde, lieber ein Vierteljahr länger an einem Orte zu bleiben, als mit einer Laudkutsche zu fahren. Ich bin 2c.

Dritter Brief.

An den

Herrn von P***.

Was machen Sie? Was macht ihre liebe Gemahlinn? Doch kann ich mir diese Frage nicht selber beantworten?

Dritter Brief.

Ihr liebt, und schmeckt das Glück der Zärtlichkeit,
In aller der Vollkommenheit,
In welcher aus der goldenen Zeit
Ihr Bild der Welt zurück geblieben;
In aller der Vollkommenheit,
In welcher in der alten Zeit
Uns die Ovide lehrten lieben;
In aller der Vollkommenheit,
In welcher in der neuern Zeit
Die Fontenellen sie beschrieben.

Können Sie an der Seite einer so liebenswürdigen Gemahlin wohl anders, als zufrieden, leben?
Ich sehe sie den Augenblick zu Ihnen in das Zimmer treten.

Sie kömmt, geführt von Unschuld und Vergnügen,
Gefälligkeit und Sehnsucht blickt aus ihr,
Und Liebe herrscht in allen ihren Zügen;
Sie sieht sich um. Nach wem? nach Dir.
Ihr Auge spricht: O laß mich wagen,
Und was ihr Auge sprach, mit meinen Worten sagen!
„O P*** mein ganzes Herz ist Dein,
„Nie kann mich Deine Wahl, nie Dich die meine reun
„ Nein jeder Tag muß Zeuge seyn,
„ Daß keine wahre Freud uns fehlet,
„ Seit unsre Herzen sich gewählet,
„ Und der beglückten Wahl sich freun.
„ Ein jeder Blick muß Zeuge seyn.
„ Daß wir stets zärtlicher empfinden,
„ Daß wir stets fester uns verbinden,
„ Und jeden Augenblick bereun,
„ Den wir nicht ganz der Liebe weihn.
„ Ein jedes Wort muß Zeuge seyn,
„ Daß wir uns selbst die Freuden geben,
„ Die alle Stunden sich verneun;
„ Daß uns vergebens Sorgen dräun,
„ Daß wir von keinem Unfall beben,
„ Und daß, so lange wir nur leben,

Uns

Dritter Brief.

„Uns alle Tag ein Fest der Liebe prophezeihn.
„Ein jeder Kuß muß Zeuge seyn,
„Daß wir kein größer Glücke wissen,
„Als uns Zeit Lebens zu genießen,
„Als uns zu sehn, zu sprechen und zu küssen.

Ich denke noch mit einer Art der Entzückung an die vergnügten Augenblicke, die ich in Ihrer Gesellschaft und an der Seite Ihrer vortreflichen Gemahlin zugebracht habe. Ich sehe noch jede kleine Miene, mit der sie ein ander liebkosen, und ein ander tausend schöne Dinge sagen.

Ich höre noch alle die aufrichtigen Lobsprüche, mit denen Sie mir Ihre Gemahlin beschrieben. Ich sehe noch die Röthe und die niedergeschlagnen Augen, die diese Lobsprüche abnöthigten. Ich höre sie noch bitten, daß Sie sie nicht loben sollten, und jedes Wort überzeugt mich noch, daß Sie es verdient. Warum kann ich denn nicht oft um Sie beyde seyn, und an Ihrem Beispiele die Stärke der Liebe, der Eintracht und der Klugheit kennen lernen, wodurch Sie Ihre Zufriedenheit verdienen, indem Sie sie befördern, und wodurch Sie mich, als ein Zuschauer, allemal auf ganze Tage ruhig und glücklich machen würden! Ja, liebster P... wenn es bey mir stünde, ich käme noch heute zu Ihnen, und in langer Zeit nicht von Ihrer Seite. Doch, es soll mir so gut nicht werden. Ich muß mit der Hoffnung zufrieden seyn, Sie mit dem Ende des Jahres erst wieder zu sehen. Aber werde ich denn binnen dieser Zeit nicht
wenig-

wenigſtens einen Brief von Ihnen erhalten? Nicht einen? Das wäre zu viel! Wenden Sie nur einige Augenblicke von denen, die Sie Ihrer Gemahlinn nicht ſchenken können, dazu an. Schreiben Sie mir nur, daß Sie beyde noch nach meinem Wunſche leben; daß Sie den Neid eben ſo beſiegen, wie das Glück; daß Sie mein Freund ſind: ſo will ich zehn Briefe dafür ſchreiben, ohne eine Antwort zu begehren. Leben Sie wohl!

Vierter Brief.
An eben denſelben.
Hochwohlgebohrner Herr!

Ihre Frau Schweſter, die mir den Tod Ihrer liebenswürdigen Gemahlinn gemeldet hat, und die für Ihre Ruhe nur gar zu zärtlich beſorgt iſt, hat mir befohlen, ein Troſtgedicht an ſie aufzuſetzen. Wollte Gott, daß dieſes das Mittel wäre, Sie zu beruhigen! Aber es iſt es gewiß nicht, und ich bin von der Größe Ihres Verluſts zu ſehr überzeugt, als daß ich ſie aufrichtig ſollte tröſten können, und Sie ſind zu betrübt, als daß Sie meinen Troſt anhören ſollten

  Was ſoll ich, Dich zu tröſten, ſagen?
  Du klagſt, und ich will mit Dir klagen,
  Dies iſt der beſte Troſt für Dich
  Du weineſt aus gekränktem Herzen.
  Ja weine! Sie verdient die Schmerzen,

Vierter Brief.

Und ihr Verlust erweicht auch mich.
Wer wird nun deine Ruhe lieben?
Mit Dir sich in der Tugend üben?
Mit Dir sich eines Glücks erfreun?
Mit Dir die Last der Sorgen theilen?
Dir, wo Du gehst, entgegen eilen?
Dir Freundschaft, Welt und Wollust seyn?

Nein ich will Ihre Thränen nicht hindern; sie sind Liebe, sie sind die zärtlichste Liebe, sie sind die sichersten Beweise von dem Werthe Ihrer seligen Gemahlinn, und Sie wären ihrer nicht würdig gewesen, wenn Sie sie weniger beklagen könnten. Bedauernswürdiger Freund! Wie bald haben Sie aufgehört, der glücklichste Ehemann zu seyn! In dem ersten Jahre Ihrer Ehe verlieren Sie eine Gemahlin, die noch nicht das neunzehnte Ihres Lebens vollendet hat, die Sie unaussprechlich liebt, die das edelste Herz besaß; ein Herz zur Ehre der Tugend und zum Glücke der Welt geschaffen! Sie verlieren sie, nach dem Sie Ihnen einen Sohn geschenkt hat. Mein ganzes Herz weigert sich, eine Person, der ich das längste Leben versprochen und gewünscht habe, die ich noch vor wenig Wochen in der Blüte der Gesundheit, mit allem Reize der Schönheit und Anmuth geschmückt, gesehen habe, von der mich jedes Wort entzückt, und zum stillen Verehrer ihres Geistes gemacht hat; Ja, betrübter Freund, mein ganzes Herz weigert sich, diese Person sich itzt im Sarge vorzustellen. Der Abschied Ihrer Gemahlin, den mir Ihre Frau Schwe-

Vierter Brief.

Schwester überschrieben, hat mich tausend Thränen gekostet: „Also muß ich sie verlassen? O Gott „warum habe ich Sie kennen, warum habe ich „Sie lieben müssen? Sie, Sie machen mir mein „Ende schwer, sonst nichts in der Welt... Kann „ich Sie denn nicht noch ein Jahr besitzen? Doch, „Herr, nicht mein Wille, sondern der Deinige geschehe!... Verlassen Sie mich." Ich liebe Sie, ich sterbe." Ich habe Ihnen die Worte der Seligen mit Fleiß hergesetzet. Es ist die gröste Betrübniß für sie darinnen; aber auch sehr viel Trost. „Verlassen Sie mich. Ich liebe Sie !.. ich sterbe." Weinen Sie liebster Freund, ich weine zugleich. Opfern Sie Ihrer Geliebten die treusten Klagen. Nur diejenigen, die weder den Werth der Freundschaft noch der Liebe kennen, sehen eine gerechte Wehmuth für Weichlichkeit an, schämen sich der Thränen, die der Natur zur Ehre fließen. Klagen Sie; aber hören Sie auch eine Bitte von mir an, und hängen Sie Ihrer Wehmuth nicht zu zärtlich nach. Es ist unmöglich, den ersten Regungen zu widerstehen. Es gehört eine gewisse Zeit dazu, ehe sich die Heftigkeit unsrer Empfindungen setzt; aber ich weiß, daß Sie dieser Zeit durch die Vorstellung der Weisheit und Religion zuvorkommen werden.

Denn, Freund, wem ist der Menschen Leben?
Der nimt es, der es uns gegeben.
Verehre standhaft seinem Rath!
Auch da, wenn uns der Herr betrübet,
Ist er der Gott noch, der uns liebet,
Und der nach seiner Weisheit that.

Dies

Dies ist der einzige Trost, den andre, und wir selbst, uns geben können. Ich bedaure Sie von Grund meiner Seele, und bin ꝛc.

Fünfter Brief.
An den
Herrn von E***.

Halb ist es Rache, daß ich Ihnen so spät antworte, und halb Beschäftigung. Rache: werden Sie sagen; Ist nicht mein langes Stillschweigen durch eine Menge verdrießlicher und trauriger Zufälle entschuldigt genug? Nein mein lieber Herr von E.... Sie mußten doch Ihre Noth jemand klagen, warum haben Sie mich nicht darzu erwehlt? Warum haben Sie mir nicht das traurige Vergnügen gemacht, mit Ihnen zu fühlen, in dem ich Sie aufgerichtet hätte.? Ich weiß Ihnen für diese Bescheidenheit, oder Zärtlichkeit in der Freundschaft, keinen Dank. Ich will Ihren Kummer so wohl wissen, als Ihr Vergnügen, und in beyden Fällen fühlen, daß ich Sie liebe. Ihr trauriger Period ist nun mehr vorbey. Was soll ich Ihnen nun sagen? daß ichs von Herzen gern höre? das sagen Ihnen alle Leute, die gar nicht Ihre Freunde sind. Aber, wenn Sie mir geschrieben hätten, da Sie noch in voller Empfindung waren: so hätte ich Ihnen

auch

auch in voller Empfindung antworten können. Der Himmel gebe Ihnen recht viel glückliche Tage! Ich bitte darum, und hoffe es gewiß.

Die Art, mit der Sie die Unfälle ertragen, ist ein sicheres Verdienst zum Glücke. Melden Sie mir bald, wie Sie leben. Ich liebe Sie mehr, als ich Ihnen sagen kann, und bin ꝛc.

Sechster Brief.
Gnädiges Fräulein!

Wie vortheilhaft haben Sie in einem Briefe an Ihre Freundin vom einem Charakter geurtheilet, und wie glücklich würde ich seyn, wenn ich diese Ehre verdienete! Aber nein, ich sage es Ihnen aufrichtig, ich verdiene sie nicht; und dennoch wünschte ich, daß Sie diese Aufrichtigkeit bewegen möchte, Ihren Ausspruch nicht wieder zurück zu nehmen; so sehr gefalle ich mir bey Ihrem Lobe. Dieses ist eine Eitelkeit, über die ich bey andern spotten würde, und mir vergebe ich sie sehr gern, weil Sie mich dazu verleitet haben, und weil ich weiß, daß ich bey dem Lobspruche von hundert andern Fräuleins sehr gleichgültig geblieben seyn würde. Ich danke Ihnen also, Gnädiges Fräulein, für Ihre gütige Meinung mit einer gewissen edlen Empfindung, zu der man allein fähig ist, wenn man von Ihnen gelobt worden. Sie haben in eben diesem Briefe an Ihre Freundin, gewünscht,

reich

Sechster Brief.

reich zu seyn, um mir jährlich eine Pension aussetzen zu können, und ich versicher Sie, daß mich dieser Wunsch mehr vergnügt hat, als mich vielleicht eine Pension von einem großen Hern vergnügen würde. Ich traue Ihnen, mein Fräulein, nicht allein die Großmuth zu, andre ohne ihr Bitten glücklich zu machen, sondern auch diese, ohne sie es wissen zu lassen, wem sie ihr Glück zu verdanken haben. Dieses können nur die edelsten Herzen. Aber, Gnädiges Fräulein, wenn es bey mir stünde, so würde ich mir wenn Sie einmal vermählt seyn sollten, mehr wünschen, als eine Pension. Ich erinnere mich, daß la Fontaine in dem Hause der geistreichen Marquisin de la Sabliere zwanzig Jahre seinen Aufenhalt, und an ihr eine großmüthige Beschützerin und Freundin gehabt hat. Würden Sie nicht de la Sabliere gegen mich seyn, wenn ich la Fondaine wäre? Ganz gewiß. Warum paßt doch die Vergleichung nicht so wohl auf mich, als auf Sie? Warum bin ich doch nicht ein la Fondaine so wohl, als ..? Doch Sie würden böse werden, wenn ich den Gedanken fortsetzte, und eben so wenig darf ich Ihnen sagen, wie viel Leipzig in den Augen Ihrer liebenswürdigen Freundin, und in meinen Augen verlohren hat, seit dem Sie nicht mehr hier sind; wie Sie bey nahe der einzige Inhalt unserer Gespräche sind und wie beredt wir werden, wenn wir von Ihnen reden, und Ihnen alles das Glück wün-

wünschen können, das Ihre Eigenschaften verdienen; alles dieses darf ich Ihnen nicht wohl selbst sagen. Ich schließe also, und verbleibe mit der größten Ehrerbietung ꝛc.

Siebenter Brief.
An eben dieselbe.
Gnädiges Fräulein!

Die Freyheit, die ich mir genommen habe, an Sie zu schreiben, würde Ihnen bald zur Last, oder doch zu einer Arbeit werden, wenn Sie jeden von meinem Briefen so sorgfältig und so schön beantworten wollten, wie den ersten.

Ich bitte Sie also, mir nur selten, oder nur in paar Zeilen zu antworten, und aus dieser Bitte zu schließen, daß ich lieber das größte Vergnügen entbehren, als Ihnen die geringste Mühe machen will. Diese Bescheidenheit ist eine nothwendige Tugend, wenn mann so viel Hochachtung für eine Person hat, als ich für Sie, Gnädiges Fräulein! habe. Aber warum haben Sie es Ihrer Freundin so hart verwiesen, daß sie Ihnen etwas von dem Beyfall gemeldet, mit dem ich von Ihrer Scheibart gesprochen habe? Sie liebt Sie viel zu sehr, als daß ihr auch das geringste Lob, das man Ihnen beylegt, gleichgültig seyn sollte; und sie versteht sich viel zu gut auf die Sprache der Ueberzeugung, als daß sie nicht aus meinen Worten, und aus dem Tone selbst, mit dem ich sie ausgesprochen habe,

Siebenter Brief.

habe, hätte schließen sollen, daß mein Lob keine Schmeicheley wäre Sie kennen überhaupt die Vorzüge, die Sie vor vielen Personen Ihres Geschlechts haben, zu wenig; und eben dieses Verdienst muß Ihnen die Hochachtung der Welt nur destomehr erwerben, und andre nöthigen, Ihnen die Gerechtigkeit widerfahren zu lassen, die Sie sich selbst versagen. Wer so lebhaft und richtig denkt, wie Sie mein Fräulein, der schreibt allemal schön, und um desto schöner, je weniger er daran denkt, schön zu schreiben. Man lobt die natürliche Freyheit in den Briefen der Madame Sévigné, ungeachtet der kleinen Fehler im Ausdrucke; und selbst ihre Nachläßigkeiten sind noch liebenswürdig. Es ist ganz gewiß, gnädiges Fräulein, daß uns Ihr Geschlecht in den Briefen übertrifft, und Sie werden in kurzer Zeit ein neuer Beweis davon seyn. Vergeben Sie mir diesen pedantischen Ausspruch wegen seiner Aufrichtigkeit. Man kann immer noch im Stande seyn, richtig zu urtheilen, wenn man gleich selbst nicht gut schreibt. Beehren Sie mich ferner mit Ihrem gnädigen Andenken, und glauben Sie, daß ichs zu schätzen weiß. Ich habe die Ehre, Zeitlebens zu seyn ꝛc.

Achter Brief.
Madame!

Sie sind die beste Frau von der Welt, und ich bin Ihr bester Freund; dabey bleibe ich.

Gewiß,

Gewiß, Sie verdienen, (laſſen Sie dieſe Zeilen Ihren Mann nicht leſen!) Sie verdienen einen noch beſſern und vornehmern Mann, als Ihr C= = iſt. Dannoch darf Sie dieſes nicht abhalten, ihn ferner zu lieben; alle Leute können unmöglich ſo viele Verdienſte haben, als Sie und = = = darf ichs ſagen? als Sie und ich. Aber wie leben Sie denn in O= = =? Iſt mein Gedicht auf ihre Hochzeit immer noch eine Fabel? Hört ihr Mann= = = Geben Sie wohl Achtung! Ich will den Homer nachahmen, und eine ſo ſeltene Begebenheit verdient es ja wohl! = = = Hört Ihr Mann den ſüſſen Namen, Vater, noch nicht? Ja, liebe Freundinn! wenn Sie mir noch im alten Jahre einen Gevatterbrief geſchickt hätten: ſo wäre mein Pathe (denn mit einem Sohne müſſen Sie die Welt beſchenken) durch mich reich geworden. Ich bekam um dieſe Zeit ein Geſchenke von funfzig Ducaten für eine kleine Bemühung. Ich wußte in der Eil nicht, wozu ich das Geld anlegen ſollte. Bald wollte ich mir ein Haus, bald einen Luſtgarten, bald ein Rittergut, endlich gar eine liebe Frau kaufen; und wenn Sie damals gleich einen Gevatterbrief an mich erdichtet hätten: ſo hätte ich meinem Pathen alle dieſe Ducaten eingebunden. Es waren lauter rare Stücken mit doppelten Herzen, mit Cometen, mit gehörnten Siegfrieden und dergleichen. = = = Ich ſoll ſie aufheben; wollen Sie mir ſagen? Nein, meine gute Charlotte! nunmehr

mehr ist es zu spät. Ich besann mich den letzten Tag im Jahre noch, daß ich etliche Kleinigkeiten für Bücher zu bezahlen hätte, und dazu habe ich das Geld angewandt. Warten Sie also lieber bis wieder auf eine solche Begebenheit; denn itzt könte ich meinem Pathen fast mit nichts, als mit einem Gebete und mit meinem Segen dienen, in der Sprache der Bethschwester zu reden. = = = Ich habe gehört, daß Ihr Mann guten Ungarischen Wein, seinem Stande gemäß, im Keller haben soll. Sagen Sie ihm doch, daß er sich mit einem Antheile sehr beliebt bey mir machen, und zugleich, als mein ehemaliger Respondent, das Präsidium bey mir dadurch abtragen könte. Ich denke überhaupt, ich werde bald zu Ihnen kommen; denn ich möchte Sie gar zu gern einmal sehen und küssen. Es sind freylich sechzehn Meilen, es ist auch schlechter Weg, es ist kalt; aber alles dieses wird mich nicht abhalten. Das menschliche Leben ist kurz, ich will reisen, und Sie noch einmal sprechen, und Ihnen ganze Wochen lang sagen, wie viel ich Ihnen Gutes gönne, und wie sehr ich stets gewesen bin, und noch bin rc.

Neunter Brief.

Madame!

Das Landleben muß doch nicht für alles helfen. Ich bin seit vierzehn Tagen ein rechter

J Beau-

Neunter Brief.

Heavtontimorumenos. Laſſen Sie mich immer ein Wort brauchen, das Sie nicht verſtehen, und das ich Ihnen vielleicht ſelbſt nicht recht erklären kann. Es ſchickt ſich dem Klange nach gar zu gut zu meinem Charakter. Leſen Sie nur das Wort noch einmal. Es hat ſo was ſchwerfälliges und verdrießliches bey ſich, daß ichs nicht für vieles Geld gegen ein anders vertauſchen würde. Ganz gewiß muß es einen unzufriedenen und mürriſchen Menſchen bedeuten, mein Herz ſagt mirs; und wenn es auch was anders bedeuten ſollte: ſo will ich doch durchaus, daß es einen Unzufriedenen bedeuten ſoll. Der bin ich, Madame! Ein vollkommner Heavtontimorumenos bin ich ſeit vierzehn Tagen. Aber warum? Weil ichs bin; weiter weiß ich Ihnen nichts zu ſagen. Ich bin viel zu verdrießlich, als daß ich nachſinnen ſollte, woher mein Verdruß käme; und wie könte ich auch ungeſtört verdrießlich ſeyn, wenn ich lange nachſinnen wollte? Ich habe die ſchönſte Gegend vor mir, und ich nehme mich ſehr in Acht, daß ſie mich nicht rührt. Ich ſehe ſie an, und denke nicht auf das, was ich ſehe, ſondern daran, daß ich nicht zufrieden bin. Ich habe gute Bücher um mich herum liegen. Ich möchte dieſes, ich möchte jenes leſen, ich möchte ſie alle leſen. Ich berathſchlage, welches ich leſen will, und nach langen Berathſchlagungen nehme ich ein anders, als ich gewählt habe. Ich leſe, und fühle nichts, und werfe es weg. Ganz gewiß ſind meine Bücher zu lichte für mich.

Die

Neunter Brief.

Die Gedanken sollten dunkel, die Sprache sollte ängstlich seyn; dann würde ich lesen. Sagen Sie mir nur Madam, ob ich etwa krank bin! Wenn es doch der Himmel wollte! Denn, wenn ich nicht krank seyn sollte: so müßte ich beynahe närrisch seyn, und das mag ich doch, ungeachtet meines Hasses gegen mich selbst, nicht seyn. In den ersten Wochen konte ich mich an den mannigfaltigen Scenen dieser Gegend nicht satt sehen. Ich flog von der Stube, um im Freyen, durch Berg und Thal, durch Fluren und Gebüsche, zu irren; und wenn ich müde war, die Gemälde der Natur zu sehen: so ruhete ich in den vortrefflichen Bildergallerien des Herrn des Dorfs aus. Itzt komme ich nicht weiter, als von dem Pfarrhause auf den Kirchhof. Ich besehe die Leichensteine, die hölzernen Kreuze, und ruhe nicht, bis ich einen halb verloschnen Namen heraus gebracht habe. Wenn ich auf den Denkmalen die Worte finde, er starb alt und Lebens satt: so bewegt sich mein ganzes Herz. Ich fühle es alsdenn recht eigentlich, daß ich des Lebens müde bin; aber vielleicht in keinem bessern Verstande, als ich es einmal in meinem siebenden oder achten Jahre war. Ich weiß nicht, was mir für ein kindischer Wunsch damals fehl geschlagen seyn mochte. Genug, ich warf mich unter einen Baum im Garten, und bat den Todt recht inständig, daß er mich gen Himmel holen sollte; so verhaßt war mir die Welt.

Neunter Brief.

Kurz, Madam, wenn mir der Pfarrer den Kirchhof verschließen läßt: so weiß ich vor Angst nicht mehr, was ich anfangen soll.

Aber warum kommen Sie nicht wieder in die Stadt, wenn Sie auf dem Lande so unzufrieden sind? Das weiß ich auch nicht, Madame. Ich glaube ich warte darauf, daß Sie mich bitten sollen. Und wenn Sie mich bitten werden: so werden Sie mich nach meinen Gedanken nicht inständig, nicht herzlich genug gebeten haben, und da werde ich wieder aus Rache nicht zurück reisen wollen. Jetzt läßt mir mein Wirth die Scheere und das Federmesser sehr höflich abfodern. Merken Sie diese List nicht? •• Aber wer hat dann gesagt, daß ich schwermüthig bin? Nein, unzufrieden bin ich nur, nicht bey mir selber, dies ist es alles, und deswegen läßt man mir das Federmesser abfodern? Sagen Sies auf ihr Gewissen, meine Freundinn können Sie aus meinem ganzen Briefe etwas anders schließen, als daß ich mürrisch bin, daß ich selbst nicht weiß was ich will, und wenn es hoch kömmt, daß ich hypochondrisch bin. Gut, ich bin es für mich, was kan denn das meinem Wirth verschlagen? Man läßt ja einem jeden das Recht, lustig zu seyn, und mir will man die traurige Freyheit nehmen, niedergeschlagen zu seyn? Das ist artig! Sie sind tausendmal billiger, Madame, Sie wehren mirs nicht. Sie lassen sich vielmehr meine Unzufriedenheit

denheit klagen. Dieses sehe ich als die gröste Wohlthat an, und küße Ihnen die Hand dafür, und bin zeitlebens dafür Ihr ꝛc.

Zehnter Brief.

Hochzuehrender Herr!

Ich danke Ihnen ergebenst, daß Sie mich mit dem jungen Herrn L... haben bekant machen wollen. Er ist aller meiner Freundschaft und Liebe werth, und seine persönliche Eigenschaften würden mir schon die Pflicht auflegen, ihm nach meinem Vermögen zu dienen, wenn er auch des niedrigsten Mannes Sohn wäre, und ohne Empfehlung meine Bekanntschaft gesucht hätte.

Um desto mehr werde ichs thun, da mir die Freundschaft gegen Sie, und die Hochachtung gegen seinen Herrn Vater dazu verbinden. Gesetzt, daß er auch von meinem Umgange keinen andern Vortheil hat, als daß ich ihn vor den Fehlern warne, die ich im Studiren entweder selbst begangen habe, oder wohl noch begehe, so wird er doch mit meiner Aufrichtigkeit zufrieden seyn können. Gelehrt werden ihn schon andre Leute und sein eigner Fleiß machen. Ich erfreue mich, daß er bey seinen wenigen Jahren schon so viel gelesen hat; noch weit mehr erfreue ich mich, daß er Genie hat. Von beyden läßt sich alles hoffen.

Leben Sie wohl, und schicken Sie mir bald wieder einen so geschickten Jüngling.

Eilfter Brief.
An den Herrn von H=== g.

Sie mögen seyn, wo Sie wollen, Sie sind nirgends sicher vor meinen Briefen. Ich habe mir so fest vorgenommen, Sie von Zeit zu Zeit an mich und an die Hochachtung, die ich Ihnen vor andern schuldig bin, zu erinnern, daß ich Briefe über Briefe schreiben werde. Sie haben mir einmal die Erlaubniß dazu gegeben; und was das schlimmste ist, so finde ich oft eine so große Wollust im Briefschreiben, daß ich nicht eher aufhören kann, bis der Bogen beschrieben ist. Aber zum erstenmale will ich Sie nicht so sehr erschrecken. Ich habe mit Fleiß nur einen halben Bogen genommen, damit ich nicht in meinen gewöhnlichen Fehler verfalle.

Es ist Zeit genug, Sie mit langen Briefen zu bestrafen, wenn Sie mir auf die kurzen nicht antworten. Und o wenn ich nur nicht fürchten dürfte, daß ich mich auf diese Art noch vielmal würde satt schreiben können! In Wahrheit, mein lieber Herr von H ∙∙∙, es ist mein gröstes Verlangen, eine Nachricht, nur eine kleine Nachricht von Ihren Umständen zu haben. Ich wünsche Ihnen die größte Zufriedenheit, und deswegen möchte ich gerne hören, daß Sie zufrieden lebten; und zwar von niemanden lieber,

als

als von Ihnen ſelbſt. Sagen Sie mir dieſes, und zugleich, daß Sie noch mein Freund und Gönner ſind: ſo will ich Ihnen wider meine Neigung verſprechen, Sie länger, als einen Monat, nicht wieder mit einem Briefe zu überfallen. Es wird meinen Herzen zwar ſchwer werden; aber dennoch will ich mein Wort halten. Ich bin ꝛc.

Zwölfter Brief.
An den Herrn Sekretär K.

Ich bin Ihnen eine Antwort ſchuldig; allein wenn ich Ihnen auch keine ſchuldig wäre: ſo würde ich doch an Sie ſchreiben, und Ihnen ſagen, wie ſehr ich Ihr Freund bin, und wie ſehr ich wünſche, daß es Ihnen an allen Orten der Welt wohl gehen mag. Freylich wünſche ich auch, daß Sie noch bey mir ſeyn möchten; und wenn ſich Ihr Glück mit dieſem Wunſche vertrüge, ſo würde ich ihn noch öfters thun. Ich bin indeſſen froh, aß Friede iſt, oder daß wenigſtens die Leute vom Friede reden, weil ich auf dieſe Art Sie am erſten wieder in Sachſen zu ſehen hoffe. Schreiben Sie ja oft an mich, ſonſt werde ich ſehr finſter ausſehen, wenn Sie wieder kommen. Ich habe Ihren letzten Brief der Madame S.. vorgeleſen, und ſie war böſe, daß er ſo kurz war.

Wie gefällt Ihnen dieser Lobspruch, zu dem ich in ihrem Namen noch ein Compliment hinzuzusetzen habe? Was macht denn der Herr Major G..? Sagen Sie ihm nebst tausend freundschaftlichen Grüssen recht viel verbindliches von mir, und leben Sie mit ihm recht wohl!

Dreyzehnter Brief.
An drey Schwestern.

Ich begehe eine Freyheit, die sehr neu ist. Wer hat wohl jemals an drey Frauenzimmer zugleich geschrieben, ohne sie zu kennen, ohne sie gesehen zu haben, und ohne ihre Namen zu wissen? Hören Sie mir unbeschwert zu, meine drey unbekanten Schönen, (wofern anders dieser Brief in Ihre Hände kommen sollte,) wie mirs gehet. Heute kömmt Herr L.. zu mir, und zeigt mir einige Briefe von Ihnen, in denen Sie so gütig gewesen sind, mich grüssen zu lassen, und meine Schriften mit Ihrem Beyfalle zu beehren. Ich müßte gar keine Neugierigkeit besitzen, oder, den Lobspruch eines Frauenzimmers zu fühlen, gar nicht im Stande seyn, wenn ich mich nicht nach Ihren Namen hätte erkundigen sollen. Ich thate es; aber mein Freund war so boshaft und so eigennützig, daß er mir nicht darauf antwortete. „Ob „sie die Namen wissen oder nicht, fing er trotzig an

Dreyzehnter Brief.

„an genug, es sind drey angenehme und kluge
„Frauenzimmer, drey liebe Schwestern, die den
„Geschmack und ihre verführerischen Schriften
„lieben. Das ist alles, was ich ihnen sagen
„kann. Sie wohnen in G... Sehen sie, hier
„steht es; aber mehr erfahren sie nicht, und
„wenn sie auch vor Neugierigkeit alle Krankhei-
„ten auf einmal bekomen sollten.„ Dieses un-
bescheidene Compliment beleidigte mich um desto
mehr, da mein Herz von dem Lobspruche, den
Sie mir ertheilet, noch ganz stolz war. Dennoch verbarg ich meinen Unwillen mit einer gewissen lächelnden Mine, die ich vor einigen Jahren
bey einem boshaften Hofmanne gesehen hatte,
und fragte ihn ganz demüthig, ob er mir denn
nicht einen kleinen Brief an diese drey artigen
Schwestern bestellen wollte, aber versiegelt. Ja,
sagte er, weil sie noch Caffee haben, so will ich
eine Pfeife Toback bey ihnen rauchen; doch, so
bald die Pfeife aus ist, so muß der Brief fertig
seyn, oder ich bestelle ihn in meinem Leben nicht.
Ach! der böse Mensch! Itzt klopft er den Knaster
aus. Er steht gar auf. Ich möchte so gern
noch mit Ihnen reden. Ich habe mich ja noch
nicht für die Ehre Ihres Beyfalls bedankt; aber
nein, er geht. Ich möchte Sie so gern um ihre
Freundschaft bitten. Ich muß alles vergessen,
wenn ich anders will, daß dieser Brief fortkom-
men soll. Vergeben Sie mirs, und erlauben Sie
mir die Ehre, ihnen in aller Eil zu sagen, daß
ich mit einer ausnehmenden Hochachtung bin ꝛc.

Vier-

Vierzehnter Brief
An dem Herrn Sekretär K**.

Sehen Sie wohl? Ein rechter deutscher Autor muß keine Oster- oder Michaelsmesse vorbey lassen, ohne etwas heraus zu geben, wenn es auch nur ein Werk von zween Bogen wäre. Nein, nein, ich lasse mir mein Recht nicht nehmen; ich schreibe, so lange ich gesunde Hände habe. Es ist gar zu hübsch, wenn man sich in dem Meßcatalogo, bald darauf in den Zeitungen und in den Journalen, und endlich in den Händen der Welt siehet. Ich komme selten zu jemanden, daß ich nicht für meinen Fleiß belohnt werde, und wenigstens eine von meinen Schriften auf dem Fenster, oder auf dem Nachttische, ganz sauber eingebunden finde. Ich kann Ihnen nicht sagen, was ich da empfinde; aber das weiß ich, daß ich alsdann nicht zu halten bin. Ich eile nach Hause, und nehme die Feder in die Hände, und schreibe, was ich schreiben kann, und stelle mir schon einen neuen Ort vor, wo ich mich wieder finden werde, wenn es auch in den Händen eines Holzbauers seyn sollte. Unlängst komme ich zu meinem Buchbinder. Indem ich mit ihm rede, tritt ein Holzbauer, der bey ihm bekant ist, herein, und langt aus seinem Kober, in dem ein guter Vorrath von Butter und Brod war, meine

F.

Vierzehnter Brief.

F. und E. ungebunden hervor. Da, fing er in seiner Sprache an, bingt mir das Buch fein fest und schön ein. Christoph, sprach mein Buchbinder, wo habt ihr denn das Buch bekommen? Er antwortete ihm ganz trotzig, daß er sich hier gekauft hätte; daß der Schulmeister und der Schulze auf seinem Dorfe, bey denen er das Buch zuerst gesehen, sich bald scheckigt darüber gelacht hätten, so viel spaßhaftes Zeug stünde darinne; er sagte, daß er einen kleinen Sohn hätte, der schon hübsch lesen könte, und der ihm des Abends, wenn er von der Arbeit käme, und seine Pfeife Tobak in Ruhe rauchte, etwas daraus vorlesen sollte, so würde er kaum nicht in die Schenke gehen. Er war noch jung, der Herr, fuhr er fort, ders in Druck hat ausgehen lassen; ich wollte ihm was abbrechen, aber er sagte, es wäre nicht anders, als vierzehn Groschen, die habe ich ihm auch gegeben. Er hatte noch viel Bücher: das Bücherschreiben muß ihm recht von der Hand gehen. Ihr Narr, sprach mein Buchbinder, der Mann, wo ihr das Buch gekauft habt, hat nichts geschrieben, er handelt nur damit. Seht doch, fieng der Bauer an, ich dachte, es wäre der Herr selber, ich hätte ihm, bey meiner Treue, nicht so viel gegeben. Nunmehr hätte ich gehen können; aber mein Ehrzeiz ließ es nicht zu. Ich hoffte, daß mich mein Buchbinder verrathen sollte; und er that es zu meinem Glücke; denn ausser dem würde ich mich dem

Bauer

Bauer selber entdeckt haben. Wenn Sie nur hätten sehen sollen, mit welcher Verwunderung mich der Bauer betrachtete, wie freundlich er mich auf die Achseln klopfte, und mich ermahnte, mehr solch schnackisch Zeug zu schreiben! Ich war den ganzen Tag außerordentlich aufgeräumt. Ich stellte mir alle meine Leser von dem Größten bis zu dem Holzbauer vor, und beschloß den Augenblick, den zweyten Theil von der G.. fertig zu machen, den Sie mit diesem Briefe erhalten. Schicken Sie mir ihn ja nicht wieder zurück, ich werde schwermüthig darüber. Endlich antworten Sie mir bald, sonst schreibe ich Ihnen keine solche merkwürdigen Histörchen mehr. Ich bin 2c.

Funfzehnter Brief.
An die Madame S**.

Sehen Sie, wie ich mein Wort halte? Sie sind kaum abgereist, so schreibe ich schon an Sie, und ich denke, ich werde so lange schreiben, bis ich Sie wieder zurück geschrieben habe. In der That sind auch seit zweymal vier und zwanzig Stunden fast eben so viel Ursachen entstanden, die alle Ihre Gegenwart zu verlangen scheinen. Ich will Ihnen nur die wichtigsten melden. Ihr Herr Liebster hat gestern Nachmittage das Fieber nebst einem kleinen Friesel bekommen. Er hat

mir

Funfzehnter Brief.

mir ausdrücklich verboten, Ihnen nichts davon zu schreiben. Ich habe es ihm auch versprochen; allein in einer Sache, die Sie so nahe angehet, sehe ichs für einen löblichen Fehler an, mein Wort nicht zu halten. Er befindet sich itzt zwar ganz leidlich, und verschiedene Leute wollen ihn heute auch gar haben ausgehen sehen; ich muß es aber am besten wissen, daß es noch sehr gefährlich mit ihm werden kann. Ihr kleiner Sohn hat von ungefähr den Porzelläntisch umgestoßen, und gestern Nachmittags ... darf ichs Ihnen sagen? O wie bedaure ich Sie! .. gestern Nachmittags, denken Sie einmal das Unglück an! ist Ihr ganzer Silberschrank ausgeräumt worden, ohne daß man bis diese Stunde noch weiß, von wem. Ich würde nicht fertig werden, wenn ich Ihnen alle die Unfälle hersetzen wollte, die sich seit Ihrer Abwesenheit zugetragen haben. Nur noch eine Ursache kann ich nicht verschweigen, die mich insbesondere Ihre baldige Rückkunft wünschen heißt. Es ist ein Ruf, den ich nach B... mit der heutigen Post erhalten habe. Ich brauche Ihren Rath mehr, als jemals, je unschlüßiger ich alle Augenblicke werde. Ach, Madame, warum sind sie doch gereist? Was soll ich denn machen? Daß geht unmöglich an, daß ich L... verlassen kann, ohne Ihnen für die tausend Gefälligkeiten zu danken, die Sie mir in so vielen Jahren erwiesen haben. Und gleichwohl ... Ich dächte, Sie kämen noch diese Woche zurück. Ihre liebe Mama

ma kann in vier und zwanzig Stunden viel mit
Ihnen reden. Kommen Sie doch, ich bitte Sie..
Ob das alles wahr ist, was ich Ihnen
erzehlt habe? Ja wohl, Madame, denn wenn
ich nein sagte, so kämen Sie nicht so bald wieder.
Den Augenblick läßt mich Ihr Herr Liebster
rufen. Was wird wieder vorgegangen seyn?
Scheint es doch, als ob alles Unglück in Ihrem
Hause nur auf Ihre Abwesenheit gewartet hätte.
Leben Sie wohl, Madame. Ich eile zu ihrem
Manne, und bin mit der vollkommensten Hoch-
achtung 2c.

Sechzehnter Brief.

An eben dieselbe.

Madame!

Ich habe vorige Nacht einen traurigen Traum
gehabt. Sie sassen und schrieben, und ob
Sie gleich beynahe sechzehn Meilen von mir sitzen
mochten: so konte ich durch Hülfe des Traumes
doch so viel sehen, daß Sie an einen guten Freund
schrieben. Wer wahr froher, als ich? Ich sahe
alle Augenblicke, ob Sie mit dem Briefe bald
fertig wären, denn ich dachte nichts gewisser, als
daß Sie an mich schrieben, ja ich war schon etliche mal im Begriffe, Ihnen den Brief wegzu-
nehmen. Indem kam Ihr kleiner Sohn, und
stieß

Sechzehnter Brief.

stieß so unvorsichtig an den Tisch, daß die Tinte umfiel. Ich wollte in der Angst entweder nach dem Briefe, oder nach der Tinte greifen, und darüber wachte ich auf, und quälte mich mit allerhand Auslegungen bis an den Morgen. Ich habe den Traum meiner alten Base erzählt. Sie sagte mir, die Tinte bedeutete Zank und Streit mit Abwesenden. Ach Madame! nur nicht mit Ihnen! Das wolle der Himmel nicht! Nein, ich will Ihnen keine Gelegenheit dazu geben, ich will gern nicht fragen, warum Sie mir nicht antworten. Lassen Sie mir nur die Erlaubniß, daß ich ferner alle Posttage an Sie schreiben, und Ihnen sagen darf, wie hoch ich Sie schätze, und wie viel Leipzig entbehrt, wenn Sie in Dreßden sind.

Siebenzehnter Brief.

Liebe Madame!

Machen Sie sich keine Sorge. Ich denke nicht, daß ich nach B... kommen werde. Ich habe ganz was anders im Sinne, und es wird nur auf Sie ankommen, ob mein Einfall ausgeführet werden soll. Ich will zu Ihnen nach G.. ziehen. Nach G....! warum denn das? Um den guten Geschmack befördern zu helfen, der in dieser Stadt unter dem Frauenzimmer herrscht. Sollte man denn nicht den Mädchen eben so wohl Collegia lesen können, als den jungen

Siebenzehnter Brief.

gen Herrn? Warum nicht? Gut, liebe Madame, so suchen Sie mir ein halb Dutzend hübsche und witzige Mädchen aus, denen ich einigen Unterricht in der Poesie, in dem Briefschreiben, in der Philosophie, oder in den Sprachen geben kann. Ich will so wenig ein Pedant, und so wenig ein junger Mensch seyn, als es die Beschaffenheit meiner Zuhörerinnen fodert. Ich will auf öffentliche Kosten eine Frauenzimmerbibliothek anlegen, damit es uns nicht an guten Büchern zum Lesen fehle. Ich sähe es gern, wenn meine Mädchen nicht unter funfzehn und nicht über dreyßig Jahre wären. Sollten einige von meinen Zuhörerinnen sich zur Heyrath entschliessen: so wollte ich ihnen, zum Besten der Ehe, ein halbes Jahr vor der Hochzeit ein Collegium über die Liebe, über die Klugheit in der Liebe, über die Mittel sie zu erhalten, sie zu versüßen, und so weiter, lesen. Was meinen Sie? Sollte ich mich nicht um Ihr Geschlecht durch diesen Einfall verdient machen können, und weit verdienter um die Welt, als wenn ich etlichen jungen Herren etwas vorsage, das sie morgen nicht mehr wissen? Mit dem Honorario wollte ichs ganz leidlich machen. Ich lese um die Ehre, und wenn mir die Witzigste von meinen kleinen Freundinnen zuweilen eine Liebkosung machte: so würde ich mich für sehr reichlich belohnt halten. Aber, Madame, in Ihrem Hause muß ich wohnen, denn Ihre und der Ihrigen Gesellschaft ist die erste Ursache,

warum

warum ich in B.. leben will. Ich erwarte Ihre
Antwort mit der gröſten Ungeduld.

Achtzehnter Brief.

Hochzuehrender Herr Paſtor!

Ich kann Ihnen nicht genug ſagen, was ich für
ein Verlangen nach Ihrem nähern Umgange
habe, und wie oft ich Sie mitten unter meinen
andern Freunden vermiſſe! Gleichwohl glaube
ich nicht, daß wir jemals das Vergnügen haben
werden, uns von Perſon zu ſehen und zu genieſ-
ſen, auſſer in einer andern Welt. Da ſollen unſre
Umarmungen erſt angehen, wenn uns eine gewiſſe Stimme in unſerm Herzen ſagen wird, daß
wir es ſind, die ſich einander ſuchen. Gott! Was
iſt es für eine Wolluſt um das Gefühl der Freundſchaft? Und wie wenig ſind derer, die dieſes Geſchenk des Himmels zu ſchätzen und zu gebrauchen
wiſſen? Das Andenken Ihrer Gewogenheit ſoll
mir manche ſchwere Stunde erleichtern helfen;
und das Andenken der meinigen thue Ihnen eben
dieſe Dienſte. Ich traue es ihr wenigſtens zu.
Was würde die Welt, die dieſer Empfindungen
nicht fähig iſt, von uns denken, wenn ſie uns
ſo reden hörte? Würde man uns nicht für
Schwärmer in der Freundſchaft halten? Doch
was gehen uns die Blöden an, die ihre eigene
Menſchheit nicht kennen? Ich würde mich krän-

Achtzehnter Brief.

ten, wenn ich weniger genöthiget wäre, Sie zu lieben, und den Werth Ihrer Freundschaft zu empfinden. Ich will nunmehr die Angelegenheiten meines Herzens auf einige Augenblicke vergessen, und von Ihren mir überschickten Werken reden. Ich habe sie mehr als einmal gelesen, und allemal sehr schöne Stücken darinnen gefunden; aber ganz haben sie mir niemals gefallen. Lassen Sie mich recht aufrichtig reden, mein lieber Freund! Ich bemerke, ungeachtet Ihrer gemachten Verbesserungen, einen gewissen Zwang in Ihren Erzehlungen, der sich bald von der kurzen und sich immer gleichen Versart, bald von der Tyranney der Reime herschreibt; einen Zwang, dem Sie durch alle Mühe nicht werden abhelfen können, und der für die Kenner stets beleydigend bleiben wird. Ich habe sie meine Freunde lesen lassen, die alle schon Ihre Freunde sind; und alle diese sind meiner Meinung, und wünschen von Ihnen weit lieber andre Gedichte, als Erzehlungen, und lieber reimlose, als gereimte Gedichte, zu lesen. Sie haben mich gebeten, Sie mehr zur Prosa aufzumuntern, in der Sie ungleich stärker und neuer sind, als in der Poesie. Kurz, ich müßte Sie weniger lieben, wenn ich gelassen in die Ausgabe Ihrer Poesien willigen sollte. Verlangt aber Ihr Glük dieses Opfer; so wollte ich doch wünschen, daß Sie Ihren Namen nicht für das Werk setzten. Ich sage Ihnen dieses mit schwerem Herzen; allein

lein ich will lieber einmal wider meine Natur strenge seyn, als wider Ihren Vortheil zu gefällig... Seyn Sie nicht unruhig! Sie haben Verdienste genug um den guten Geschmack. Sie können Ihre Liebe zur Religion und zu den schönen Wissenschaften durch andere Schriften befriedigen, wenn es Ihnen sonst Ihre Amtsgeschäfte erlauben. Genug, Ihr Herz gehört unter die Herzen der Poeten, und Sie würden viele von denen, die Sie bewundern, erreicht haben, wenn Sie in ihren Umständen gelebt hätten. Was macht Ihre liebe Frau, und Ihr kleiner guter Jacob? Warum haben Sie mich nicht zu Gevattern gebeten? Ich glaube, ich wäre in Person gekommen; aber funfzig Meilen, das ist freylich ein weiter Weg. Empfehlen Sie mich Ihrer Frau Liebste und allen, die zu Ihrer Freundschaft gehören, und schreiben Sie mir ja bald wieder.

Neunzehnter Brief.
An eben denselben.

Wenn Sie auch noch ein halb Jahr geschwiegen hätten: so würde ich doch nicht auf die Gedanken gefallen seyn, daß Sie weniger mein Freund wären, als ehedem. Nein, ich liebe Sie so sehr, daß ich gar nicht in diese Versuchung gerathen kann; und so grausam auch der

Ausspruch war, den ich in meinem letzten Briefe über Ihre Gedichte gethan: so habe ich doch nicht die geringste schlimme Wirkung für mich befürchtet. Ich sahe wohl, daß Ihnen mein Urtheil wehe thun würde; denn ich urtheile von meinem Herzen auf das Ihrige; allein ich sahe auch, daß die Aufrichtigkeit meiner Absichten diesen kleinen Schmerz bald heilen würde. Ich verließ mich auf die Bescheidenheit, mit der ich Ihnen eine bittere Meynung entdeckte, und noch weit mehr auf Ihre eigene Stärke. Es ist in der That eine rühmliche Begierde, ein Autor zu werden. Allein, kaum ist man es: so ist man unruhiger, als jemals; und so gern ich, in Ansehung der Welt, die Zahl der guten Scribenten vermehrt sehe: so sehr bedaure ich oft das Schicksal eines Autors, der sich mit tausendfacher Mühe den ungewissen Beyfall der Welt erkauft, der am Ende noch schwerer zu behaupten, als zu erlangen ist. Ja, lieber Herr Pastor! ich freue mich, es ist wahr, ich freue mich ausnehmend, wenn ich solche feine Lobsprüche lese, als die Ihrigen sind. Ich gefalle mir; aber wie lange? Ein einziger gegründeter Tadel reißt alle mein Vergnügen darnieder. Die Begierde, immer einen neuen Versuch zu wagen, und die schrecklichen Gedanken: Wird er dir auch gelingen? Wirst du nicht vergebens, nicht zum Untergange deiner vorigen Werke arbeiten? Ach was sind das für heimliche Peiniger der Poeten! Wollen Sie

Sie ja das Vergnügen eines Autors schmecken; nun wohl! Folgen Sie mir nur, und wählen Sie die Prosa. In dieser verspreche ich Ihnen viel Glück, und mir, als Ihrem Freunde, durch Sie viel Ehre. Vielleicht ist Ihrem kleinen Jacob das Glück oder Unglück aufgehoben, sich durch die Poesie groß zu machen. Wie werde ich mich nicht freuen, wenn ich ihm den Ort auf dem Parnasse zeigen kann, den ich gern selbst erstiegen hätte, und den er nunmehr zu erreichen suchen soll? Lehren Sie ihn, so bald es seine Jahre leiden, die Sprachen und Schönheiten der Alten. Wenn er in dieser Verfassung zu mir kömmt: so werden wir schon gute Freunde seyn, und gern mit einander studiren. Der zweyte Theil der G.. ist schon an der Michaelsmesse herausgekommen. Ihre Frau Liebste hat also nicht Ursache auf meine Langsamkeit böse zu seyn; vielleicht aber auf meine Geschwindigkeit, wenn sie das Werk gelesen haben wird. Machen Sie ihr mein ergebenstes Compliment, und lieben Sie mich ferner. Ich bin allemal mit der größten Hochachtung und Aufrichtigkeit ec.

Zwanzigster Brief.
An den
Herrn von A***.

Ihr Geschenke ist mir sehr angenehm gewesen, doch die freundschaftliche Art, mit der Sie mirs

mirs gemacht haben, ist mir noch kostbarer, als das Geschenke selbst. Ich werde den Voltaire nie unter meinen Büchern stehen sehen, ohne mich über die Gewogenheit desjenigen zu erfreuen, der ich ihn zu danken habe, und ohne zu wünschen, daß ich sie verdienen mag. Ja je gewisser ich weiß, daß Sie keine Erkenntlichkeit von mir verlangen, oder hoffen, destomehr wünsche ich mir eine Gelegenheit, erkenntlich zu seyn, und Ihnen zu zeigen, daß ich wenigstens eben so gern eine Pflicht beobachte, als Sie eine Freygebigkeit ausüben. Eine Gelegenheit weiß ich, und die mir auch die liebste ist, wenn sie nur schon da wäre. Sie kömmt gewiß. Ein Herz, wie das Ihrige kann die Freuden der Liebe nicht lange entbehren. Ja, ich erlebe es noch, ich sehe Sie gewiß noch in den Armen einer liebenswürdigen Gemahlinn; ich sehe

> Dereinst noch einen Sohn, entflammt von Deinem Namen,
> An deinem Beyspiel sich erfreun,
> Und angeführt von Dir, und kühn, Dir nachzuahmen,
> Des besten Vaters würdig seyn.

Ich bitte um Ihre Freundschaft, ob ich sie gleich schon habe; um Ihre Briefe, ob Sie gleich nicht gerne schreiben; denn warum schreiben Sie so schön? Ich bitte endlich, Ihrer Fräulein Schwester das ehrerbietigste Compliment zu machen. Wie viel Glück wünsche ich dem, der sie verdient? Leben Sie wohl, recht wohl! Ich bin

mit

mit der aufrichtigsten Hochachtung Ihr ergebenster Freund und Diener.

Ein und zwanzigster Brief.

Hochzuehrender Herr!

Um mich wenigstens durch eine gute Absicht um den jungen Herrn von G ‡ ‡ verdient zu machen: so will ich einen Vorschlag zu seiner Erziehung thun. Er ist gar nicht sinnreich, er ist vielmehr natürlich und einfältig, und vielleicht deswegen gut.

Der junge Herr mag ein Staatsmann, oder ein Hofmann, oder ein Soldat, oder ein Besitzer seiner eigenen Güter werden: so kann er nie zu viel lernen, und um viel zu lernen, nie zu zeitig anfangen. Die Erziehung zu Hause hat tausend Hindernisse. Ein Hofmeister kann unmöglich alles wissen; und wenn er auch viel weiß, so hat er doch nicht allemal die Gabe, gut zu unterrichten, oder ein junges und lebhaftes Herz genug zu unterhalten; und dis gehört doch nothwendig zu einer guten Erziehung. Wir müssen leicht und angenehm lernen, ehe wir wissen, wie viel wir zu lernen haben. Es ist nicht genug, zu lernen, wir müssen auch beyzeiten mit der Welt bekannt werden; allein, die Welt zu Hause ist nicht allemal die beste. Wir sehen nur immer einerley Geschöpfe, und wie wir

Ein und zwanzigster Brief.

wir wenig bemerkt werden, so bemerken wir auch andre wenig. Kurz, wir bleiben ganz schläfrig in unserm eigenen Hause, und werden in unsern Sitten, wo nicht rauh, doch zu einförmig. Man hat zu Hause zu befehlen, ehe man gehorchen lernt, und daher lernt man weder gut befehlen, noch gehorchen. Doch ich will ja kein Buch schreiben. Ich will nur sagen, daß es so wohl für den Verstand eines jungen Menschen, als für sein Herz und für seine Sitten, vortheilhaft ist, wenn er an einem fremden Orte erzogen wird.

Könnte sich die gnädige Mama entschließen, ihren Sohn von sich zu lassen: so wünschte ich, daß er unter der Aufsicht eines Hofmeisters, dessen Herz eben so gut seyn muß, als sein Verstand, je eher, je lieber nach Leipzig gethan würde. Der junge Herr ist erst zehn Jahr alt. Dis sind die glücklichen Jahre, da man noch alles aus sich machen läßt, weil unser Herz nicht weiß, was es will. Giebt man uns Gelegenheit, was zu lernen; macht man uns das Lernen mehr zu einem Zeitvertreibe, als zu einer Arbeit: so wird es uns so gar beschwerlich werden, müßig zu seyn. Man weiß oft nicht, wozu ein junger Mensch geschickt ist, bis er vieles versucht hat. Es ist also gut, wenn er an einem Orte erzogen wird, wo er Gelegenheit hat, vieles zu sehen und zu hören. Der Herr von G.. hat Vermögen, und man kann von

Zeit

Zeit zu Zeit die Lehrmeister in Sprachen, in der Musik, im Zeichnen zu ihm auf die Stube gehen lassen. Er wird auf eine leichte Weise zu den ersten Gründen der Mathematik angeführt. Er tanzt und ficht bey zeiten, damit er den Körper in seine Gewalt bekömmt, und derselbe desto dauerhafter wird. Er geht mit seinem Hofmeister in Gesellschaften, und wird der Welt gewohnt, ehe sie ihn noch rührt. Er speist an einem Familientische, und wohnt in dem Hause eines angesehenen Mannes, wo er stets glauben muß, daß man auf ihn Achtung giebt. Auf diese Art ist der junge Graf .. als ein Kind nach Leipzig gekommen, bis in sein sechzehntes Jahr da geblieben, und alsdann mit seinem Hofmeister auf Reisen gegangen. So sind itzt noch verschiedene sehr junge Herren hier. Der Vortheil ist groß. Sie fangen etliche Jahre eher an zu leben, und hören etliche Jahre eher auf, Kinder zu seyn. Kommen sie in dem sechzehnten oder achtzehnten Jahre erst auf Universitäten: so sind sie oft schon zu lüstern nach den Schwachheiten der Jugend, und werden durch böse Beyspiele, wenn sie auch das beste Herz hätten, nur gar zu leicht zu Ausschweifungen verleitet. Es versteht sich, daß sich der Hofmeister wenigstens auf sechs Jahre lang dem jungen Herrn ganz und gar widmen, und ihn nie aus der Aufsicht lassen muß. Er muß sein Freund, aber auch sein Gebieter seyn können. Er bildet seinen Verstand und sein Herz, und sorgt, daß diejenigen, die ihn unterweisen, ihre Pflicht wohl in Acht nehmen; aber er lehrt ihn nicht alles selbst. Es versteht sich ferner, daß der Hofmeister auch mehr, als gewöhnlich, belohnet werden muß. Und was ist es denn, ob der junge Herr etliche tausend Thaler mehr oder weniger hat, wenn er dafür geschickt worden ist, der Welt und sich zu dienen, zu seiner Ehre, zu seinem Vergnügen, zu seinem Glücke zu leben und sein Vermögen vernünftig zu geniessen? Wenn sich Herr K·· zu dieser Stelle verstehen wollte: so hielt ichs für sehr gut. Er hat Verstand und Redlichkeit und Welt genug dazu. Einen guten Sekretär könnten Sie wohl noch an seine Stelle finden; aber einen guten Mentor, den zu finden, das ist leider schwer. Ich erwarte Ihren Ausspruch, und bin ɔc.

Zwey und zwanzigster Brief.

Hochwohlgebohrner Herr!

Wenn Sie mir auch nicht die Erlaubniß gegeben hätten, an Sie zu schreiben: so würde ich mir Sie doch nehmen; so groß ist mein Verlangen, Ihnen meine Hochachtung und Ergebenheit zu bezeugen. Ja ich bin so stolz, daß ich gar glaube, daß Ihnen diese Versicherung nicht gleichgültig seyn kann.

Eſti-

Zwey und zwanzigster Brief.

Estimer la vertu, c'est toujours ma maxime;
Voyez vous la raison, pourquoi je vous estime?

Kurz, Sie müßten an meiner Aufrichtigkeit zweifeln, wenn Ihnen dieses Geständniß unangenehm seyn sollte; dazu aber sind Sie zu bekannt mit meinem Charakter. Es ist also gewiß, daß ich vor andern Ihr Freund bin, und niemals ohne Vergnügen an Sie denken kann. Nachdem ich Ihnen dies gesagt: so dürfte ich bald meinen Brief schliessen, damit ichs Ihnen nicht noch einmal sage. Doch, ich kann noch nicht schliessen. Ich muß erst fragen, wie Sie leben?.. Doch recht wohl? Recht zufrieden und dem Glücke nahe, das Sie verdienen? Ja, ich glaube es, wenigstens weiß ich nichts, das ich lieber glauben und hören möchte. Vielleicht bewegt Sie diese aufrichtige Neugierigkeit, bald an mich zu schreiben, und ich würde Sie recht inständig darum bitten, wenn ich dieses Vergnügen nicht vielmehr Ihrer eigenen Gütigkeit, als meinen Bitten zu danken haben wollte. Machen Sie mich doch zu Ihrem Vertrauten, wenn ich Ihnen in irgend einer Angelegenheit hier in Leipzig dienen kann. Ich werde es mit Freuden thun, und beständig mit der größten Hochachtung seyn ꝛc.

Drey und zwanzigster Brief.
Liebe Mama!

Meine Schwester hat Ihnen gesagt, daß ich mich in Miniatur habe abmahlen lassen, und
Sie

Sie möchten das Bild gerne haben, und ich wollte es Ihnen eben so gerne schicken, wenn ichs nur noch hätte; aber ich habe es nicht mehr. Wo haſt dus denn hingethan? Wo ichs hingethan habe? Ich habe es... ſoll ichs Ihnen ſagen, meine liebe Mama? Ich habe es... Sie nehmen es doch nicht übel? Ich habe es meinem Mädchen gegeben. Geſchwind laß dirs wieder geben, und ſchicke mirs. Nein, meine gute Mama! das geht nicht an. Das arme Mädchen möchte weinen, wenn ichs ihr wieder nähme, und wer weiß, weinte ich nicht alsdann ſelbſt mit. Ich bin ihr gut, ſie iſt mir wieder gut, und ſo ſind wir einander ſchon lange gut geweſen, und ich denke, wir werdens noch lange ſeyn. Sage mir nur, ob das dein Ernſt iſt? Du biſt ja in deiner Jugend dem Frauenzimmer eben nicht ſo gewogen geweſen? Das weiß ich ſelbſt nicht mehr, liebe Mama! Aber wenn Sie nur das Mädchen ſehen ſollten! Sie würde Ihnen gewiß gefallen. Sie iſt recht artig, und in meinen Augen ſchön. Sie ſieht faſt ſo aus, wie ſie auf Ihrem Bilde, als Braut, gemalt ſind. Laſſen Sie uns immer die Freude, daß wir einander lieben dürfen. Ich rede recht oft mit ihr von Ihnen. Dürfte ich ſie denn nicht einmal mit nach Hauſe bringen? Vielleicht könnte ich ſie alsdenn bewegen, daß ſie Ihnen mein Portrait gäbe. Werden Sie nicht ungehalten, liebe Mama! Sie haben mir ja wohl eher gewünſcht, daß ich eine ſtille und hübſche Frau finden möchte;

war-

Vier und zwanzigster Brief.

warum sollten Sie es nicht zugeben, daß ich ein solches Mädchen habe? Ich sinne itzt nur herum, wie ich zu einem Rittergute kommen will, damit ich ihnen die Freude machen, und sie heyrathen kann: alsdenn wollen wir unsere Mama zu uns nehmen: denn nicht wahr, es würde Ihnen besser bey mir gefallen, wenn Sie eine artige Schwiegertochter bey mir fänden?

Ich will den Augenblick zu ihr gehen, und sehen, ob ich das Bild auf einige Tage zum abcopiren bekommen kann. Doch ich zweifle sehr daran. Sie wird von Wankelmuth, Untreue, Falschheit, reden; und ehe ich dieses anhöre, so will ich die Angst zu halben Tagen so unbeweglich, wie eine Bildsäule, zu sitzen, lieber noch einmal ausstehen, und mich von neuem malen lassen. Aber, Mama, reden Sie nicht etwan im Eifer ein Wort wider das arme Kind, wenn Sie mir antworten; ich möchte ihr vielleicht den Brief zeigen. Doch dazu sind Sie zu gütig; ich bin einmal Ihr liebster Sohn, und das bleibe ich. Wenn ich gleich ein Mädchen habe, so bin ich doch sonst viel besser, als meine Brüder; und im dreißigsten Jahre geht dieser kleine Fehler ja noch wohl an ꝛc.

Vier und zwanzigster Brief.
An den Herrn Sekretär K.

Seyn Sie so gütig, und übergeben Sie dem Herrn Grafen den beygelegten Brief. Ich habe

habe mehr, als zehnmal, die Ehre gesucht, ihm selber bey seiner Anwesenheit nur aufzuwarten; aber ich habe vor den großen Perücken, vor den Sammetröcken, vor den reichen Westen, nie weiter, als bis an die Thüre des Vorsaals, kommen können, ob ich gleich auch eine Weste mit Franzen anhatte; aber freylich waren es nur seidene. Den Sonnabend in der Zahlwoche wagte ichs dem einen Bedienten, der mich, ich weiß nicht warum, lange ansahe, meinen Namen zu entdecken. Nun, dachte ich, wird er dir ein tiefes Compliment machen, und dich durch die Antichambre helfen; aber er blieb ganz gelassen, und ich schämte mich, daß mein Name einem so wohl gewachsenen Menschen unbekannt war. Ich blieb also demüthig stehen, und sahe zum Zeitvertreibe die Gesichter an, die zu dem Herrn Grafen wollten, ob ich vielleicht errathen könnte, was sie bey ihm suchten. Bey vielen war mirs unmöglich etwas heraus zu bringen; sie sahen mir aus, als wenn sie es selber nicht recht wüßten; aber den meisten sahe ichs doch mit vieler Gewißheit an, daß sie einen Lobspruch, eine Pension, ein besseres Amt, oder so etwas suchten. Diejenigen, die etwas in dem Busen stecken hatten, oder deren Taschen dick waren, machten mir die wenigste Mühe: Was konnten sie anders anzubringen haben, als Disputationen und Werke mit Dedicationen? Ich bedauerte den armen Herrn Grafen in meinem

Her-

Vier und zwanzigster Brief.

Herzen, und ärgerte mich über die Ungestümen, die den Großen ihr Schicksal so sauer machen. Kurz, ich gieng fort, und glaubte, daß ich durch mein Weggehen mehr Ehrerbietung für den Herrn Grafen bezeugte, als meine Collegen durch ihr hartnäckiges Warten. Bitten Sie um seine fernere Gnade für mich, wenn ich sie verdiene. ‒ ‒ Ihr Herr Bruder hat mirs gemeldet daß er bald heirathen wird. Das ist doch nicht Recht, daß Sie Sich in der Liebe vou ihm übertreffen lassen. Machen Sie doch bald Sich und ein Mädchen glücklich.

Ich sing alsdann gewiß ein Brautgedicht.
Wovon? das weiß ich itzt noch nicht.
Ich könnte von der Liebe singen;
Von ihrer List; von ihren Schlingen,
Die sie den Herzen legt; von ihrer Zauberey,
Mit der sie sich der Sterblichen bemeistert,
Die Blöden oft mit Witz begeistert,
Die Klugen albern macht, die Treuen ungetreu,
Die Freyen spröd, die Spröden frey,
Die Ungetreuen aber treu;
Wie sie die Schwestern oft in ihrem Singen störet,
Und morgen schon verbuhlt die Mütter seufzen lehret,
Die heute noch den Töchtern und der Magd,
Bey ihrem Fluch, das Lieben untersagt;
So könnt ich von der Liebe singen,
Wie sie vom Feld am Hof, die Großen zu bezwingen,
Vom Hof ins Feld zu Schäfern schleicht,
Bald aus der Jugend lacht, bald aus den Alten
keucht,
Aus dem Bramarb bramarbasiret,
Aus dem Pedanten meditiret,
Aus süssen Herren raffiniret,
Dis alles säng ich Dir vielleicht

Sehen Sie wohl, was ich für ein hübsches Gedichte auf Ihre Hochzeit machen würde? Eilen Sie, es wird hohe Zeit, sonst möchten Sie zur Liebe und ich zur Poesie zu alt werden. Ich will meinen Brief schliessen, ich möchte sonst mehr schreiben, als Sie zu lesen Lust hätten, und ich will Ihnen zugleich versprechen, daß Sie ein ganzes halbes Jahr vor meinen Briefen sicher seyn sollen. Grüssen Sie alle meine guten Freunde. Ich bin zeitlebens ꝛc.

Fünf und zwanzigster Brief.

Mein fauler Freund!

Damit ich auf gewisse Weise eine Antwort von Ihnen erhalte, ohne daß Sie mir schreiben dürfen: so habe ich in Ihrem Namen selbst einen Brief an mich aufgesetzt. Seyn Sie so gut, und lesen Sie ihn durch, streichen Sie die Stellen mit Bleystift an, wo ich Ihre Meinung getroffen habe, und schicken sie mir ihn wieder zurück; oder noch bequemer, geben Sie ihn nur Herrn Fridericin, damit er mir ihn zuschicket. Hier ist der Brief.

Mein lieber Freund!

„Wundern Sie Sich ja nicht, daß ich seit etli„chen Jahren noch keine Zeile an Sie geschrie„ben habe. Ich bin E..., das ist genug ge„sagt.

Fünf und zwanzigster Brief.

„ sagt. Eben so wenig müssen Sie Sich wun-
„ dern, daß ich Ihnen Ihr Manuscript noch nicht
„ geschickt habe. Es ist wahr, Sie haben mich
„ darum gebeten; Herr G...r hat auch schon
„ etlichemal deswegen auf mich geschmält, ich
„ habe es auch fortschicken wollen; aber, wie ich
„ sehe, liegt es noch da. Je nun, wer kann
„ sich helfen? Genug, daß Sie Ihre Gedichte
„ itzt erhalten, und zwar in eben der Beschaffen-
„ heit, wie Sie mir sie auf meinen Tisch ge-
„ legt haben. Sie irren nicht, wenn Sie glau-
„ ben, daß kaum die Hälfte davon gut ist. Wer-
„ fen Sie die angestrichnen weg, und heben Sie
„ die andern bis zu einer neuen Auflage auf.
„ Zum Unterstecken sind sie noch eher gut, als
„ ein neu Regiment davon aufzurichten. Denn
„ im Vertrauen geredt, sie sind weder recht gut,
„ noch recht schlecht.

As he mules neither horse nor ass,

„ könnte ich zu Ihnen sagen, wenn Sie nicht
„ Ihr bischen Englisch vergessen hätten. Hät-
„ ten Sie mirs doch von meinen Gedichten be-
„ wiesen, werden Sie denken; aber ich antworte
„ mit dem Cicero: Neque -- si quid est eui-
„ dens, argumentari soleo: perspicuitas enim
„ argumentatione eleuatur. Also brauche ich
„ keine lange Kriticken zu machen, und zwar aus
„ Liebe zur Deutlichkeit. Kurz, mein lieber
„ Freund, keine Gedichte mehr!

(Gellerts Briefe.) L O!

> O! Dichter, denkt an Philomelen!
> Singt nicht, so lang ihr singen wollt!

„Wollt ihr aber nicht folgen, nun so ist euch
„das Urtheil schon gesprochen:

> So fahrt denn fort, noch alt zu singen,
> Und singt euch um die Ewigkeit!

„Für die überschickten Näschereyen und für den
„guten Knaster bedanke ich mich, mein guter
„Freund. Ich habe mirs recht gut mit Ihrem
„Bruder schmecken lassen. Ich weiß nicht, es
„ist alles so niedlich, so himmlisch, was von
„Leipzig kömmt. Immer fahren Sie fort,
„mir von Messe zu Messe so was zum Weine
„zu schicken. Ich will auch heute Ihre Gesund-
„heit bey Renkendorfen trinken. Ich bin, ohne
„es Ihnen unter etlichen Jahren wieder zu
„schreiben, Ihr Freund und Diener E...

Dies ist die Antwort, die ich in Ihrem Namen an mich aufgesetzt habe. Nehmen Sie geschwind eine Feder und schreiben Sie, wo Sie es für gut befinden, Ja, oder Nein, an den Rand, und schieben Sie es ja nicht auf. Hören Sie? Bequemer weiß ichs Ihnen nicht zu machen ꝛc.

Sechs und zwanzigster Brief.
Madame!

Aus Ihrem letzten Briefe sehe ich zwar, daß Sie die Comödien nicht ganz hassen; allein ich

Sechs und zwanzigster Brief.

ich sehe auch, daß Sie von dem Nutzen derselben noch nicht sehr überzeugt sind. Es kränkt mich, daß die Comödie Ihren völligen Beyfall auch nur einen Augenblick entbehren soll, und es erfreut mich zu gleicher Zeit, daß Sie ihr Ihre Hochachtung aus einem so lobenswürdigen Grunde entziehen. Sie läugnen den Werth und die eigenthümliche Schönheit einer guten Comödie nicht; dazu ist ihr Geschmack viel zu schön. Nein, Ihr Verstand preist solche Arbeiten, und Ihr gar zu gewissenhaftes Herz verwirft sie. Erlauben Sie mir die Ehre, Madame! daß ich Ihr Herz hierinne widerlegen darf. Glauben Sie wohl, daß eine Schrift nützlich ist, wenn sie die Thorheiten, die ungereimten Neigungen und Meinungen der Menschen auf eine sinnliche und spöttische Art lächerlich, und dagegen die guten Sitten, Tugend und Vernunft liebenswürdig vorstellt? Ich höre Sie die Frage zehnmal mit einem freudigen Ja beantworten; aber in dem Augenblicke sehe ich noch eine zweifelhafte Mine in ihrem Gesichte entstehen. Sie wollen mich vermuthlich fragen, warum man denn der Welt ihre Fehler auf eine spöttische Art zeigen müßte, und ob es der Menschenliebe nicht gemäßer sey, sie mit sanftem Ernste zu lehren und zu bessern? Diese liebreiche Frage ist leicht beantwortet. Gewisse Krankheiten des Geistes sind eben so wenig durch gelinde Mittel zu heben, als gewisse Krankheiten

des

des Körpers. Die Satyre ist in der Moral eben so nöthig und heilsam, als das zubereitete Gift in der Arzneykunst. Und wie kann die Spötterey ein Verbrechen seyn, wenn man sie nicht wider einzelne Personen, sondern wider allgemeine Thorheiten anbringt? Wenn ich ein Gespräch schreibe, und den Geizigen oder Scheinheiligen in solche Umstände verwickele, daß sie ihre Neigungen und ihre Vorurtheile auf eine solche Art entdecken, daß man sie bald belacht, bald haßt: so sehe ich nicht, wie dieses die Menschenliebe beleidigen könne.

Ein geiziger Orgon, eine eitle und verläumderische Clelia, ein unerträglicher und großsprecherischer Damon auf dem Theater, sind nichts, als der Geiz, die Verläumdung, und Großsprecherey selbst. Diese Leidenschaften verspottet der Comödienschreiber; diese läßt er in einzelnen Personen handeln und herrschen, damit man das Ungereimte, das Thörichte recht wahrnehmen kann, welches diese Laster bey sich führen. Er spottet nicht, um zu spotten, sondern um zu lehren.

Aber werden Sie sagen, man denkt doch bey den Personen in der Comödie an Personen im gemeinen Leben, und die Verachtung, welche das Theater in meinem Herzen wider den Geizigen oder Verläumder überhaupt erregt, fällt zugleich auf die Personen, an welchen ich diese Fehler wahrgenommen habe, oder noch wahrnehnehmen werde. Die Comödie erweckt also nicht sowol den Haß gegen die Laster, als gegen lasterhafte Personen. Und wie leicht kann dieser Haß ungerecht, und den Gesetzen der Menschenliebe nachtheilig werden? Wenn ich den Geizigen einmal für ein niederträchtiges und lächerliches Geschöpf ansehe, wie leicht wird mirs nicht seyn, ihm meine Dienste, meine Gefälligkeiten zu entziehen, seine Fehler zu vergrössern, bey aller Gelegenheit bekannt zu machen, und auf seine guten Eigenschaften, die er etwan noch haben könnte, nicht Acht zu haben? Und wo werde ich ihn mit Geduld ertragen, und seine Gemüthsart zu verbessern suchen, wenn mir seine Person einmal verhaßt ist?

Ich gebe zu, daß die Comödie diesen Fehler nach sich ziehen kann; aber er ist nicht sowol ihr, als uns, eigen. Man lasse den Redner oder Poeten die bösen Neigungen, welche wir Laster und Thorheiten nennen, im strengstem Ernste beschreiben. Es soll ihm kein spöttisches Wort entfahren. Er soll nur seine Laster recht nach dem Leben und auf ihrer verächtlichsten Seite entwerfen. Wird seine Rede, wird sein Gedicht, indem es uns mit dem Hasse gegen die Thorheiten erfüllt, nicht auch mit dem Hasse gegen die Thoren beleben? Die Comödie ist also nicht daran Schuld, weil sie eine Comödie ist; eben so wenig als ein Licht, indem es ein dunkles und unordentliches Zimmer erleuchtet, Schuld an dem Ekel ist, der wider die Unordnung in diesem

sem Zimmer in mir entstehet. Endlich ist die Verachtung und der Ekel gegen die Thoren, den die Comödie erregt, an und für sich nichts strafbares. Einen muthwilligen Narren, als einen Narren, heißt mich kein Gesetz der Religion lieben. Ich soll ihn vielmehr in diesem Verstande verabscheuen, und nur so viel Liebe für ihn haben, als nöthig ist, ihn zu bessern, wenn er sich nicht selbst widersetzt. Und wenn die Comödie wider diese Art der Liebe zu streiten scheint: so darf man die Schuld dem Poeten nicht beymessen. Seine Absicht ist, die schlimmen Charaktere lächerlich zu machen, weil er sie verhaßt machen will. Und eine Rede von der Kanzel, die den Geiz als abscheulich vorstellet, kann zur Lieblosigkeit gegen die Geizigen eben so wohl Gelegenheit geben, als die Comödie.

Ich will mich zu meiner Ruhe bereden, Madame! als ob Sie mit der Auflösung dieses Einwurfs zufrieden wären. Was hat Ihr Herz nun weiter wider die Comödien vorzubringen? Vielleicht dieses, daß sie zur Eitelkeit verleiten? Daß sie in vielen Gemüthern den Trieb der Liebe rege machen? Daß sie uns um eine Zeit, und um ein Geld bringen, welches wir beydes weit kostbarer anwenden könnten? Darf ich bitten, so lassen Sie mich auf diese Einwürfe im Namen der Comödie antworten. Die Comödie verleitet zur Eitelkeit. Sie werden vermuthlich nicht sagen wollen, daß sie dem Frauenzimmer

Sechs und zwanzigster Brief.

mer und den jungen Mannspersonen Gelegenheit giebt, sich in ihrer Pracht und in ihrem Putze zu zeigen, und dadurch ihren Stolz und ihre Eigenliebe etliche Stunden wohl zu unterhalten. Sie werden ferner nicht sagen wollen, daß durch den Innhalt der Comödien uns die Liebe zur Eitelkeit, oder ein solches Verlangen beygebracht werde, welches blos auf die Befriedigung unsrer Sinne und unserer Einbildung geht. Zu dem ersten können alle öffentliche Versammlungen, und sogar diejenigen, die der Andacht gewidmet sind, Anlaß geben. Der andern Gefahr sind wir bey allen Gesellschaften ausgesetzt, wenn wir nicht wohl auf uns Achtung geben. Was ist also die Eitelkeit, von der Sie reden? Sind es die verliebten Streiche, die listigen Vorstellungen und Betrügereyen, die gränzenlosen Scherze und Spotereden in der Comödie, welche zur Eitelkeit verführen? Vermuthlich meynen Sie diese Dinge, und Sie haben Recht zu Ihrer Klage. Viele Comödien und Nachspiele sind mit einer strafbaren Liebe und mit närrischen Romanstreichen angefüllt, welche man ohne Aergerniß nicht anhören kann. Man ahmet nicht die Thorheiten der Verliebten mit Kunst nach, sondern man bringt die grobe Natur selbst auf das Theater. Man beleidiget unsern Verstand durch ungesittete Vorstellungen, und unser Herz durch böse Neigungen. Man wird ein Possenreisser, ein Unverschämter, um seinen elenden

Witz sehen zu lassen, und auf Kosten der Ehrbarkeit den Pöbel zu vergnügen. Alle solche Stücke und alle schlimme Stellen in guten Stücken, sind dem Theater eine Schande, und den guten Sitten ein Anstoß. Aber, Madame! was kann die Comödie dafür, daß sie oft in die Hände niederträchtiger Scribenten fällt? Was kann sie dafür, daß sie nicht Freunde und mächtige Beschützer findet, welche für ihre Ehre und für die Tugend der Zuschauer wachen?

Allein die meisten Fabeln in den Comödien haben doch die Liebe zum Grunde. Und muß man denn ewig von der Liebe reden, wenn man vergnügen und nützen will? Nein; es wäre besser, daß sich wenigere Comödien mit Heirathen und mit der Uebergabe der Herzen schlössen. Viele sonst wackre Leute würden gewiß nicht in dem Irrthume stehen, daß eine Comödie ein verliebtes Mährchen sey, wenn die Poeten in ihren Lustspielen mehr an andre geschickte Vorfälle aus dem gemeinen Leben, als an die Heirathen, gedacht hätten. Dennoch hat die Liebe, wie mich deucht, mit Recht den Platz auf dem Theater, den sie in dem Herzen der Menschen behauptet. Eine vernünftige, eine zärtliche und unschuldige Liebe ist das empfindlichste Vergnügen der Menschen. Und da uns die Natur mit diesem Affekte gar zu genau verbunden hat; da so viel Glück und Unglück aus dieser Begierde entstehet: so kann die Liebe nie zu sehr auf ihrer schönen Seite, und

nie

nie verhaßt genug in ihren Thorheiten und Ausschweifungen gezeigt werden. Deswegen kann man vernünftige zärtliche und närrische Verliebte niemals lange auf dem Theater entbehren. Daß man aber wollüstige Jünglinge und verbuhlte Mädchen dahin stellt, die uns mit Frechheit und Aberwitz belendigen, ist, so sehr man sich mit der Nachahmung der menschlichen Handlungen schützt, ein Verbrechen wider die guten Sitten, und also auch wider das Theater. Denn was im gemeinen Leben bey Vernünftigen ekelhaft und ärgerlich ist, bleibt es auch auf der Schaubühne, und soll dahin gar nicht, oder doch mit der größten Behutsamkeit gebracht werden. Wenn übrigens die Comödie nichts, als das Schöne in der Liebe, bey uns in Hochachtung setzt: so sind wir ihr für diesen Dienst sehr verbunden. Je mehr sie uns an Beyspielen zeigt, daß niemand die Liebe recht genießen kann, als wer vernünftig und gesittet ist; destomehr wird sie uns zu beyden Eigenschaften ermuntern. Ueberhaupt halte ichs für sehr dienlich, unter die lächerlichen Charaktere recht gute und edele zu mengen. Indem uns jene sagen, was wir nicht seyn sollen: so lehren uns diese zugleich, was wir seyn sollen. Eine liebreiche und großmüthige Frau bey einer Verläumderin und Misgünstigen, macht diese weit verächtlicher; so wie diese jene im Gegentheil erhebt. Freundschaft, Liebe, Großmuth, Ehrliebe, und alle Neigungen, welche das Herz edel

L 5 und

und die menschliche Gesellschaft ruhig machen, sollten zum Besten der Tugend eben so reizend auf der Schaubühne vorgestellt werden, als man die schlimmen Neigungen ungereimt und widrig abschildert.

Ihr lezter Einwurf wider das Theater scheint bloß die Verschwendung der Zeit und des Geldes zu betreffen. Ein Vernünftiger, der nicht gebohren zu seyn glaubt, um sich bloß zu belustigen, kann allerdings nie zu sorgfältig mit seiner Zeit umgehen. Indessen giebt es Stunden, wo man nicht mehr im Stande ist, etwas wichtiges zu verrichten. Aber, werden Sie sagen, sind denn dieses eben die Stunden, wenn die Comödie angehet? Könte man binnen dieser Zeit nicht noch etwas nützlicheres vornehmen? Ja, Madame! Wer alle Tage in die Comödie gehen will, den müssen besondere Umstände rechtfertigen, wenn er sich keinen Vorwurf machen soll. Aber so viel ist doch gewiß, daß wir zuweilen von unsern ordentlichen Geschäften ausruhen müssen, um uns neue Munterkeit und Kräfte zu holen. In dieser Absicht ist das Vergnügen eben so nothwendig, als die Arbeit, weil diese ohne jenes gar nicht, oder doch nur matt und schläfrig von statten gehet. Wenn ich nun diese Erholung, dieses Vergnügen in der Comödie finden kann: so ist meine Zeit nicht übel angewandt. Allein die Comödie hat, ausser dem Vergnügen, auch noch die Vortheile eines nutzbaren Zeitvertreibes. Unser Geschmack,

Sechs und zwanzigster Brief.

schmack, unser Verstand, unser Herz, unsere Sitten und Lebensart können darinnen verbessert werden. Der Kenner und der Einfältige, der Hohe und Niedrige, der Witzige und der Unwitzige, der Kluge und der Thor, können alle bey einen guten Stücke ihr Vergnügen und ihre Vortheile finden, obgleich auf unterschiedene Weise. Und eben deswegen verdient der Zeitvertreib der Comödie in der Republik einen Vorzug vor vielen andern, weil er so allgemein ist. Es ist wahr; man könte die Comödie, als ein gutes Gespräch zu Hause lesen, und auch Vergnügen, Nutzen, und wohl einen Vortheil der Zeit dabey finden. Aber, bedenken Sie nur, Madame! daß eben durch die öffentliche Vorstellung auf dem Theater die Comödie erst recht brauchbar wird. Sie bekömmt durch die Geschicklichkeit des Acteurs ihr Leben. Hundert Leute würden sie entweder gar nicht lesen, oder aus Trägheit nicht genug dabey empfinden, wenn die Vorstellung wegfiele. Es wird auf der Schaubühne alles begreiflicher und sinnlicher. Wenn die Thoren nicht durch das Vergnügen der Action vor das Theater gelockt würden: Glauben sie wohl, daß sie etwas anhören würden, was sie oft nicht wissen wollen? Die beste Comödie verliert ihre Kraft, wenn sie nicht Aufmerksamkeit findet. Und man ließt doch meistens, oder läßt sich solche Stücke lesen, weil man mit seinem Nachdenken dabey müßig seyn will. Ein guter
Acteur

Acteur ist bey dieser Krankheit der Arzt. Er zwingt uns durch seine Geschicklichkeit die Aufmerksamkeit unvermuthet ab, und nimmt uns durch das Stück mit sich hindurch, ehe wir wissen, daß wir ihm schon so weit nachgefolgt sind. Wenn also witzige und moralische Gespräche auf der Stube gleich ebenfalls Vergnügen und Nutzen bringen können: so sind doch die Comödien, in so weit sie öffentlich vorgestellet werden, weit kräftigere und allgemeinere Mittel, diese doppelte Absicht zu befördern. Mancher hat wenig oder keine Gelegenheit, etwas munteres und witziges zu lesen und zu hören; diesem verschaft sie das Theater. Mancher würde den Abend auf seinem Lehnstuhle vergähnen, oder sein Geld auf dem Caffehause verspielen, oder in einer elenden Gesellschaft die Zahl der Schwätzer vermehren, wenn er nicht den öffentlichen Zeitvertreib des Theaters haben könte. Setzen Sie nur zum voraus, daß die wenigsten so viel Klugheit besitzen, sich ein vernünftiges Vergnügen zu machen, und daß doch die meisten immer ein Vergnügen suchen: so werden Sie sehen, wie nöthig es ist, dem Volke in einer großen Stadt solche öffentliche Vergnügungen anzubieten, als gute Comödien und Trauerspiele sind.

Was die Kostbarkeit dieses Zeitvertreibs anlanget, so gebe ich Ihnen gerne zu, daß jeder, der die Comödie zu oft besucht, er bezahle nach seinem Stande den theuersten oder den wohlfeil-
sten

Sechs und zwanzigster Brief.

sten Platz, in seiner Art eine Verschwendung begehen kann, wenn er sich dadurch die Mittel zu nöthigen, oder zu liebreichen Ausgaben entziehet, Aber kann man nicht eine Eintheilung machen? Kann man sich sein Vergnügen nicht zuweilen versagen, und das Geld dafür zu einer Gutthat anwenden? Endlich sollt, ich glauben, daß, wenn auch die Comödie Gelegenheit zum Aufwande gäbe, sie deswegen noch nicht einzustellen wäre. Man schliesse alle Theater zu; dennoch werden diejenigen, die sich für ihr Geld vergnügen wollen, noch nichts ersparen. Sie suchen andere Gelegenheiten. Und ist es denn nicht besser, daß sie eine solche suchen, wo man für ein vernünftiges Vergnügen gesorgt hat?

Es könte vielleicht den meisten Klagen wider das Theater abgeholfen werden. Erstlich sollten die Comödianten einen geschickten und edelgesinnten Aufseher haben, dessen Urtheile sie alle Stücke unterwerfen müßten, welche sie aufführen wollten. Dieser vernünftige Mann und Kenner des Theaters würde kein mittelmäßiges Stück, keine närrischen Possenspiele auf das Theater lassen. Er würde so gar in den guten Stücken die freyen und anstößigen Stellen wegwerfen, und also sorgen, daß beyde Geschlechter ohne Gefahr alle Comödien anhören könten, und nie die einen bey dem Händeklatschen der andern die Augen niederschlagen dürften. Das Alter und die Jugend, verheirathete und ledige Personen
müß-

müßten alle Stücke sicher besuchen können. Um gute Köpfe aufzumuntern, für das Theater zu arbeiten, und schöne Stücke zu liefern, müßte der Aufseher die Freyheit haben, die Einkünfte für die erste oder zweyte Aufführung des Stücks dem Poeten zu geben, wie in andern Ländern geschiehet. Ferner müßte ein Abend für das Armuth, oder zu andern guten Anstalten ausgesetzt werden. Wie sehr würde dieses den Poeten und den Acteur ermuntern, wenn jeder wüßte, daß er durch seine Mühe heute ein öffentlicher Wohlthäter würde! Die Comödianten müßten eine ansehnliche Besoldung und einen gewissen Rang bekommen, damit sie ordentlich und anständig leben, und die üblen Vorwürfe von ihrem Stande ablehnen könten, welche man, ihnen und der Comödie zur Schande, vielleicht oft mit Recht, und oft mit Unrecht, zu machen pflegt. Wenn die Comödie so eingerichtet wäre, wie sie seyn sollte: so wäre ein guter Acteur ein sehr nützliches Glied in der Republik, und kein wackerer Mensch würde sich schämen dürfen, eine solche Stelle zu verwalten. Das Theater müßte auf öffentliche Kosten erhalten werden. Man müßte beständig für gute Musik sorgen, damit auch auf dieser Seite das Vergnügen der Zuschauer befördert würde. Die Anstalten sind alle leicht auszuführen, wenn sie von einer hohen Hand, oder von einer ganzen und reichen Stadt unterstützt werden.

Und

Und wenn die Comödie eine solche Gestalt gewönne: so sehe ich nicht, was man für ein unschuldiger und lehrreicher Vergnügen haben könte. ...

Ich bin mit der vollkommensten Hochachtung ꝛc.

Sieben und zwanzigster Brief.

Liebe Madame!

Ich bedanke mich für Ihre kurze und leichtfertige Antwort, und melde Ihnen zugleich, daß ich unter vierzehn Tagen nicht werde an Sie schreiben können. Ich habe acht Briefe von acht Frauenzimmern zu beantworten; einen von Lorchen, einen von ... Sehen Sie was es für Mühe macht, wenn man gar zu glücklich ist! Ich kann sie nicht einmal alle überzehlen; doch Sie werden mir schon auf mein Wort glauben. Es ist wahr, es ist unter allen den Briefen keiner so schön geschrieben, als der Ihrige; allein ich finde doch auch in allen mehr Freundschaft, als in dem Ihrigen, und mehr Verlangen nach einer Antwort. Sie müßten also sehr ungerecht seyn, wenn Sie mir übel nehmen wollten, daß ich unsern Briefwechsel so lange unterbreche, bis ich diesen guten Freundinnen geantwortet habe. Ich sage Ihnen dieses nicht deswegen, als ob ich glaubte, daß Sie viel Ueberwindung nöthig hätten,

hätten, meine Briefe zu entbehren; nein, bloß um Sie zu überführen, daß ich auch eine Schuldigkeit, die Sie mir leicht erlassen würden, nicht ohne die geringste Ursache verabsäume. Bin ich nicht bis zum Erstaunen gewissenhaft?

Acht und zwanzigster Brief.
An den Herrn Sekretär K**.

Wenn Sie wüßten, wie lieb ich Sie hätte, und wie lieb ich Sie stets haben werde, und wenn Sie zugleich wüßten, daß ich künftig eben nicht fleißiger an Sie schreiben werde, als zeither: so würden Sie etwas wissen, das nicht recht zusammë hängt, und das dem ungeachtet sehr wahr ist. Ich weiß nicht, was ich für ein ungezogener Mensch werde. Ich schreibe gar nicht gern mehr Briefe. Es liegen ihrer mehr als ein halbes Hundert auf dem Fenster, die ich seit Ostern hätte beantworten sollen. Ich weiß nicht, wie viel darunter von Ihnen sind; allein ich mag es auch nicht wissen. Ich müßte suchen, und wenn ich suchte; so würde ich viele andere finden, die ich gar nicht sehen mag. Also mögen sie alle liegen. Wenigstens weiß ich einen von den Ihrigen auswendig. Sie lobten mich darinnen, und zwar recht hübsch. Sie führten mir auch einen Lobspruch aus einer gewissen Schrift an, dafür ich
Ihnen

Ihnen sehr danke, und dafür ich Ihnen, ungeachtet aller meiner Eitelkeit, noch mehr danken würde, wenn Sie mirs demonstriren könnten, daß ich ihn in der That und von eben der Seite her verdiente. Ich hatte kurz vor dieser Nachricht das Vergnügen, den Verfasser dieser Schrift bey mir zu sehen, ohne es damals zu wissen, daß er der Verfasser und mein Lobredner war. Es ist ein vernünftiger und artiger Mann; aber doch nicht so garartig, wie Sie. Sagen Sie mir doch, wo sind Sie denn itzt? In Danzig? Behüte der Himmel! Nun wo denn? Wieder in Amsterdam? Noch weniger. Also müssen Sie doch auf Ihren Tusculan seyn? Ja freylich. Nun das ist mir sehr lieb. Habe ich können nach Niedersachsen reisen, vier und vierzig Meilen in kurzer Zeit reisen; so werde ich doch auch . . Erschrecken Sie nur nicht, wenn jemand Fremdes binnen hier und Michael in Ihr Landgut gefahren kömmt. Mehr will ich Ihnen nicht sagen. Ich bin ꝛc. ꝛc.

Neun und zwanzigster Brief.

Madame!

Ob ich bald wieder nach Leipzig kommen werde? Das weiß ich nicht; vielleicht kömme ich gar nicht wieder. So verächtlich Sie auch von meiner kleinen Vaterstadt urtheilen, und so

(Gellerts Briefe.)　　M　　leicht

Neun und zwanzigster Brief.

leicht man sie auch mit einem Dorfe verwechseln kann: so gefällt mirs doch an keinem Orte in der Welt besser. Nirgends, Madame! es ist mein wahrer Ernst, nirgends geht die Sonne so schön auf, nirgends sieht der Himmel so blau aus, nirgends scheint der Mond so hell, und nirgends erfrischen Luft und Wasser so, als an dem Orte, wo ich gebohren bin.

> Non, lair n'est point ailleurs si pur, l'onde si claire,
> Le saphir brille moins, que le Ciel, qui m'eclaire;
> Et l'on ne voit qu'ici, dans tout son appareil
> Lever, luire, monter et tomber le soleil.

Diese vier Verse möchte ich meinem Geburtsorte zu Ehren herzlich gern für meine eigene Arbeit ausgeben, wenn ich wüßte, daß sie niemals über das Gedichte des Herrn Bernis sur l'amour de la partie kämen. Ach, Madame! thun Sie mirs doch zu gefallen, und glauben Sie, daß die Lerchen, die ich itzt singen höre, weit annehmlicher, weit natürlicher singen, als die um Leipzig. Ich sitze eben itzt unter den beyden Linden, die mein Vater in dem Jahre meiner Geburt hat setzen lassen, damit sie mit mir aufwachsen sollten. Was für unschuldige Freuden fühle ich unter diesen freundschaftlichen Bäumen, die mit Fleiß heute mehr Schatten werfen, die heute mit Fleiß süßer auf mich herab duften, weil es mein Geburtstag ist. Seyd mir

Neun und zwanzigster Brief.

mir gesegnet, schattenreiche Bäume, und du, grünende Hecke! die ich mit meiner eigenen Hand erbauet habe, und in dir sitze noch einst der Sohn meines besten Freundes, und erinnere sich seines Vaters und meiner mit freudigen Zähren! Vergeben Sie mir diese kleine Enthusiasterey, Madame! sie hat gar zu viel Wollust für mich. Wenn Sie mich nur unter meinen Zeitverwandten, unter meinen Bäumen, itzt sollten sitzen sehen!

>Hier, wo ich frisch bekränzt, als Knabe froh gesessen,
> Als Jüngling mich gewußt zu freun;
>Hier will ich heut, als Mann, des Lebens Müh
>   vergessen,
> Und noch einmal ein Jüngling seyn.

Wie ein Wandrer von der Höhe die Hälfte des zurück gelegten Weges betrachtet: so sehe ich in diesem Augenblicke von meinem dreyßigsten Jahre bis in die Jahre meiner Kindheit herab. Hier beschäftigt mich ein Auftritt der Freude, dort ein Auftritt der Traurigkeit. Hier kömmt mir eine gute Absicht entgegen, und hält mein Auge lange auf; dort eine Thorheit, und wieder eine; und o! wie geschwind sehe ich weg? Ich zähle meine gesunden und frohen Tage, und sehe dankbar gen Himmel; ich zähle die kranken und traurigen, und schlage die Hände freudig zusammen, daß sie überstanden sind. Bald bin ich ein Schüler, bald ein Autor, bald ein Freund, bald ein Liebhaber, bald ein Client, bald . . Nein,

Neun und zwanzigster Brief.

hier sehe ich eine leere Scene. Zu der stolzen Rolle eines Patrons, hat mich mein gutes Schicksal noch nicht bestimmen wollen. Ich habe zwar ein paar guten Freunden einmal zu Aemtern geholfen; allein sie verdienten sie; sie waren auch viel klüger und geschickter als ich, und also bin ich wohl noch kein rechter Patron gewesen.

Itzt sehe ich meine alte Mutter auf mich zukommen. Doch nein, sie sieht daß ich schreibe, und schleicht ganz behutsam auf die andre Seite. Die liebe Mutter! Aber bald will ich sie herholen, und mich an ihrem freundlich frommen Gesichte, an ihren ehrwürdigen weißen Haaren, die ganze Mahlzeit über recht satt sehen. Ich bewirthe sie diesen Mittag.

Komm, die du mich gebahrst, hier, Theure, setz ich heute
Mich voll Entzückung zu dir hin,
Freu mich, daß Du mich liebst, freu mich an Deiner Seite,
Daß ich von Dir gebohren bin.

Freylich mag der Anblick meiner Mutter viel zu der Schönheit dieser Gegend beytragen. Alles, was sie redet und thut, ist Liebe und Gewissen. Lassen Sie mich immer ein Herz loben, Madame! mit dem Sie so viel Aehnlichkeit haben. Letztens liest ihr meine Schwester aus einer von meinen Schriften etwas vor. Sie lächelt die ganze Zeit über. „Das hat er ganz hübsch gegeben,

„geben, fängt sie endlich an. Wer muß ihm
„doch das alles gesagt haben? = = Er hat es doch
„auch selbst gemacht? = = Ich habe freylich wohl
„eine Freude, wenn ich ihn loben höre = = Die
„Leute werdens doch aufrichtig meynen = = Ich
„höre, daß er zuweilen in seinen Schriften von
„der Liebe redet, und äusserlich thut er nun gar
„nicht, als ob er dem Frauenzimmer gut
„wäre = = Je nun, man kann ja einander in
„allen Ehren gut seyn. = = Er ist stets still und
„eingezogen gewesen. = = Ja, Madame! ich
gefalle mir in diesem mütterlichen Lobe voll natürlicher Unschuld, mehr, als wenn mich eine
ganze Nachwelt gelobt hätte. Wie glücklich bin
ich, daß ich von ihr abstamme! Endlich nähert
sie sich mir. Sie hat gewiß unter der Zeit für
mich gebetet. Nun sollten Sie noch bey uns
seyn, Madame! so wüßte ich mir keinen glückli-
chern Tag in meinem Leben, als den heutigen.
Ich werde Ihnen zu Ehren heute wohl im Grünen ein Glas Wein mehr trinken, und meine
Mutter, die sonst nur ein halbes trinkt, will ich
zu einem ganzen verführen. Ja, das wollen wir
thun, wir wollen Ihre Gesundheit trinken.
Ich dächte, ich hätte Ihnen genug geschrieben!
Leben Sie wohl.

Dreyßigster Brief.
Madame!

Wie froh bin ich, daß die Brunnencur zu
Ende ist; nun darf ich wieder schreiben.

Dreyßigster Brief.

Bedenken Sie nur, acht Wochen lang habe ich keine Feder ansetzen dürfen, so barbarisch ist mein Medicus mit mir umgegangen. Mein Herr, sprach er, als ich die Cur anfieng, ich kenne Sie, und weiß, daß Sie gern sitzen und schreiben; allein, ich sage es Ihnen, Gift werden Sie trinken, und keinen Brunnen, wenn Sie Sich nicht von allen Verrichtungen los machen. „Aber, sagte ich, darf ich denn nicht wenigstens drey „oder vier Briefe von guten Freundinnen bey „meiner Cur beantworten? Das wird mir doch „nichts schaden?„ Was? Nichts schaden? Drey oder vier Briefe an Frauenzimmer bey der Brunnencur? Mein Herr! Sie mögen wohl ein guter Poet seyn: aber nehmen Sie mirs nicht übel, von der Medicin verstehen sie nicht den Kukuk. Wollen Sie denn die Diät besser wissen, als ein alter Praktikus? Ich sage es Ihnen kurz, Sie dürfen nicht eine Feder in die Hand nehmen, bis die funfzehnte Flasche rein ausgetrunken ist. Der Pirmonter Brunnen ist ein Brunnen, bey dem man an nichts, am allerwenigsten an ein Frauenzimmer, denken darf = = =.

Alle meine Bitten halfen mir nichts. Er prophezeyte mir so viele Krankheiten, daß ich ihm in der Angst zuschwur, keine Feder anzusetzen. Der böse Mann hat mich so lange vom Brief-
schrei-

schreiben abgehalten! Das soll die sexte Brunnencur seyn. Verlassen Sie sich darauf, und erlauben Sie mir, daß ich mich nicht weiter entschuldigen darf. In dem Briefe an Ihre Frau Schwester habe ich zwar eine böse Hand, als die Ursache meines Stillschweigens, vorgewendet; doch dort habe ich, als ein Poet, geredet. Gönnen Sie mir nur die Ehre Ihrer Freundschaft ferner, und glauben Sie nicht, daß ich ein nachläßiger Freund bin, weil ich ein nachläßiger Correspondent bin. Was macht Ihr Herr Liebster? Befindet sich Ihre Jungfer Tochter noch wohl? Denken beyde manchmal an mich? Ich denke sehr oft an Sie, und allezeit empfehle ich mich Ihrer Freundschaft.

Ein und dreyßigster Brief.

Madame!

Meine Hand ist nunmehr so gesund, als ich mir nur wünschen kann. Ich habe mir auch diese Messe Federn und Papier, alles, was zum Briefschreiben nöthig ist, gekauft, und ich sehe nicht, was mich abhalten sollte, binnen hier und Weihnachten etliche hundert Briefe an Sie zu schreiben, wenn Sie mir nicht ausdrücklich befehlen, weniger freygebig damit zu seyn. Was werde ich Ihnen in den vielen Briefen nicht alles sagen? Und vielleicht doch noch nicht so viel als ich wünsche. Und was werde ich in Ihren Antworten für liebe Sachen lesen? Und vielleicht nur gar zu viel, die ich nicht verdiene. Ja, Madame! wenn Sie diese Messe zu uns gekommen wären, wenn Sie Doris, wenn Sie Aemilien mitgebracht hätten: so wollte ich gleich einen Brief in Versen an Sie schreiben. Allein wovon?

 Ja wohl! wovon wollt ich denn singen?
 Doch, Sylvia, was frag ich erst?
 Ist unter tausend schönen Dingen,
 Wovon die Dichter gerne singen,
 Wohl eines, das du lieber hörst,
 Wohl eines, das du mehr verehrst,
 Wohl eins, von dem ich lieber schriebe,
 Da Du mich seinen Werth selbst durch dein Beyspiel
         lehrst,
 Als der Geschmack, und als die Liebe?

Aber, weil Sie nicht gekommen sind: so will ich das Gedichte versparen, bis Sie kommen, und Sie in Prosa bitten, Ihrem Herrn Liebsten etliche finstere Gesichter zu machen, wenn Sie anders dazu fähig sind, daß er mich nicht besucht hat. Ich habe ihn recht aufrichtig zu mir gebeten, und die Stunde, da man Caffe trinkt, bin ich gewiß zu Hause, und am ersten für einen guten Freund gemacht. L.. der böse Mensch, ist gewiß Schuld daran. Wenn er nur stürbe, daß ich und Sie, und vielleicht auch Aemilie, der Marter loß würden, ihn alle Tage fehlen zu sehen. Wie sind

Sie

Sie und Doris und Aemilie mit der schwedischen Gräfin zufrieden? Wäre es besser, wenn sie nach dem ersten Theile gestorben wäre? Aemilie wird vermuthlich gewaltig viel an der Frau Gouverneurin, und noch mehr an dem armen zärtlichen Cosakenmädchen auszusetzen haben. Doch, was kann ich dafür, daß die Frauenzimmer in Sibirien empfindlicher sind, als sieben Meilen von Leipzig? Leben Sie wohl.

Zwey und dreyßigster Brief.

Hochzuehrender Herr und Freund!

Ich bin Ihnen sehr lange eine Antwort schuldig. Was denken Sie von mir? Ich könte mich weitläuftig entschuldigen, und unter vielen Hindernissen eine weite Reise nach Niedersachsen anführen; aber ich will es lieber Ihrer Freundschaft überlassen, mir meine Langweiligkeit auf Treu und Glauben zu vergeben. Sie haben in Ihrem letzten Briefe einen Trost von mir verlangt, und ich will wünschen, daß Sie ihn itzt nicht mehr bedürfen, und daß die Zeit das bey Ihnen ausgerichtet haben mag, was im Anfange die stärksten Gründe nicht von uns erhalten können. Wenn Sie auch noch zuweilen klagen müssen: so bin ich doch zu sehr Ihr Freund, als daß ich Sie in Ihren gerechten und süssen Klagen

gen stören wollte. Nein, verehren Sie immer
ein Herz durch Betrübniß, und Sehnsucht, das
Ihrer Liebe so sehr werth war, und verdienen
Sie sich dadurch eins, das dem verlohrnen gleicht.
Ich wünsche und gönne es Ihnen vor vielen an-
dern, und bin mit aller Hochachtung ꝛc.

Drey und dreyßigster Brief.

Hochzuehrender Herr!

Schreiben Sie mir nicht mehr so schöne Briefe,
wie der letzte war, ich stehe sonst nicht dafür, daß ich nicht ein wenig eifersüchtig auf Sie
werden sollte, so sehr ich Sie auch liebe. Das
hilft nichts, daß Sie mir sagen, Sie müßten
itzt wieder eine ganz neue Schreibart annehmen.
Sie schläfern mich mit dieser kleinen List gar nicht
ein. Ich sehe es doch wohl, daß Sie über der
Sprache der Kanzeley die Sprache der Welt nicht
vergessen, und in Ihren Briefen eben so schön deutsch
schreiben werden, als ob Sie niemals mit Acten
etwas zu thun gehabt hätten. Im Ernste, Sie
haben mir durch Ihren Brief eine ausnehmende
Freude gemacht, für die ich Ihnen um desto mehr
Dank weiß, weil ich mir dadurch bald eine neue
zu verdienen hoffe. Ich soll Ihnen eine Beschreibung von der Universität ... machen; allein ich
weiß Ihnen nicht viel zu sagen, als daß es an
die-

diesem Orte wohlfeil ist, daß die Professoren fleißig lesen, und die Studenten ziemlich frey, wo nicht gar wild, leben. Ihre ganze Moral scheint diese zu seyn: Wer fleißig und richtig in die Collegia geht; wer seine vier bis fünf Stunden des Tages hört, der kann nachdem machen, was er will. Er mag trinken, er mag spielen, er mag sich herumschlagen, er mag sich andern Ausschweifungen überlassen, das hat nichts zu sagen, er bleibt allemal ein wackerer Student; und die Seele des Studierens ist die Freyheit. Kurz, ihre Sitten sind etwas cynisch. Dem ungeachtet glaube ich ganz gern, daß man ein gelehrter und gesitteter Mann auf dieser hohen Schule werden kann, wenn man nur will; allein ich würde keinen Sohn dahin thun, und wenn er umsonst da leben könte. Ein Ort, der für die guten Sitten gefährlicher ist, als ein andrer, mag sonst noch so viele Vortheile haben, es fehlt ihm doch der vornehmste. In Ansehung der Collegen ist dieses noch gut, daß man sie fast alle in einem Jahre zweymal hören kann. So viel weiß ich ungefähr von dieser Akademie; allein ich weiß es nur aus den Erzehlungen der andern. Ich selbst bin niemals da gewesen, und ich möchte nicht gerne, daß Sie meine Beschreibung für authentischer hielten, als ich sie ausgebe. Beehren Sie mich ferner mit Ihrer Freundschaft, mit Ihren Briefen und Ihren Commißionen. Ich bin mit der vollkommensten Hochachtung ꝛc.

Vier und dreyßigster Brief.

An den

Herrn Grafen von L***.

Ich ersuche Sie gehorsamst, mir in dieser Messe eine Gelegenheit zu verschaffen, daß ich Ihrem gnädigen Papa aufwarten kann. Ich komme in keiner gefährlichen Absicht;

>Nicht in der Stellung der Clienten,
>Um mit erseufzten Complimenten,
>Mit einer Bittschrift ihm zu drohn ...
>Nein, ohne Dedication,
>Und ohn ein' Lob auf seinen Sohn,
>Und ohne meins ihm zu erzehlen,
>Such ich das Glück allein,
>Mich einem Manne zu empfehlen,
>Der würdig war, so groß zu seyn.

Sie wissen es, ich dränge mich gar nicht in die Antichambern der Grossen, und ich weiß nicht, ob ich zu blöde, oder zu bescheiden, oder zu stolz dazu bin; aber Ihrem Papa möchte ich herzlich gerne meine Aufwartung machen. Mir ist dieses ein Beweis, daß ich ihn aus bloßer Hochachtung zu sehen verlange; ich weiß nicht, ob ers Ihnen auch seyn wird. Freylich wäre es ein Unglück für einen Mann von großen Verdiensten, wenn alle Leute ihre Hochachtung so weit treiben
wollten,

wollten. Doch das thut nichts. Das Verlangen, Ihrem gnädigen Papa meine Ehrerbietung zu bezeigen, ist zu groß, als daß mich dieser Gedanke aufhalten sollte. Ich wiederhole meine Bitte, und habe die Ehre zu seyn ꝛc.

Fünf und dreyßigster Brief.
An den
Herrn Rittmeister von B**.

Ich erhalte gestern die erste, und heute die andre Ordre zum Aufbruche nach M==; und da ich den Ueberbringer des Briefes fragte, ob die Kutsche vor meinem Hause stünde? so sagt er mir ganz sinnreich, sie wäre schon gestern wieder nach M== gegangen. Wundern Sie sich also ja nicht, daß ich heute nicht mit einer Gelegenheit komme, die gestern schon abgegangen ist. Vielmehr erlauben Sie mir, daß ich mich über einen Irrthum unter den Bedienten, und über meine Thorheit, mich über Kleinigkeiten zu ärgern, wirklich ärgern darf. Ich machte gestern Abends mit vieler Mühe noch einige Dinge fertig, die mich nicht wollten reisen lassen. Ich sitze so lange darüber, daß ich die Nacht über schlafe. Ich ziehe mich frühe zur Reise an, und warte auf die Rosse, die mich zu Ihnen bringen sol-

sollen, und siehe, es kömmt endlich der Bediente des Herrn Stiftsraths, und bringt mir die erfreuliche Nachricht, daß meine Mühe umsonst ist. Ich hätte dem Menschen gerne das Dintenfaß an den Kopf geworfen, wenn er mich nicht versichert hätte, daß er und seine Collegen unschuldig wären. Doch vielleicht soll ich nicht mehr nach M.. kommen. Besuchen Sie mich diese Feyertage, so ist der Schade gehoben. Ich bin immer noch, bis zum Erstaunen, Ihr guter Freund.

Sechs und dreyßigster Brief.
An eben denselben.

Sie werden vielleicht glauben, ich würde so gütig seyn, und einmal aufhören, an Sie zu schreiben, weil Sie so sinnreich sind, und mir nicht antworten. Allein dis will ich eben nicht. Ich vermuthe, daß Ihnen meine Briefe zur Last sind, und deswegen will ich fortfahren, ihre Anzahl mit jedem Posttage zu vermehren. Man kann sich an einem, der nicht gerne zuhört, nicht besser rächen, als wenn man ohne Aufhören plaudert, und an einem, der nicht antworten will, nicht besser, als wenn man ihm Briefe über Briefe schickt. O! werden Sie, mit zehn finstern Minen herausfahren: der Mensch muß

doch

doch auf der Welt nichts zu thun haben, weil er stets an mich schreibt. Sie irren sich, Rittmeister! ich habe Arbeit genug, und wenn ich Ihnen nicht einen Verdruß machen wollte: so würde ich ganz gewiß keine Zeit zum Schreiben haben. Aber ich dächte, Sie sähen auch aus meiner Schreibart, daß ich nicht ganze Tage zu einem Briefe an Sie brauchte. Ich schreibe mit Willen nachläßig und von nichts, damit Sie recht böse werden, und mir endlich in der Hitze einmal schreiben mögen, daß ich zu schreiben aufhören soll. Durch diese List denke ich noch vor ihrem Ende eine Antwort heraus zu locken. Heute ist Sonnabend verlassen Sie sich darauf, auf den Montag sollen Sie wieder einen Brief haben, darinnen noch weniger steht, als in dem itzigen. Wegen des Porto wollen wirs so machen, daß ich einen um den andern frankire; auf diese Weise geben Sie nichts mehr, als wenn Sie mir allemal antworten. Bin ich nicht billig? Leben Sie wohl, wenn Sie anders noch leben.

Sieben und dreyßigster Brief.
An eben denselben.

Im Ernste, liebster Herr Rittmeister, ist es denn nicht möglich, daß Sie nur einige Stunden nach H.. kommen können? Sie wür-

würden meinem ganzen Hause eine unendliche
Freude machen. Wir sind alle beysammen, und
es geht ganz abscheulich vornehm zu. Ich fer=
tige daher einen Expressen an Sie ab, um zu
erfahren, ob es nicht möglich ist, Sie bey uns
zu sehen. Kommen Sie, wenn ich Ihnen an=
ders lieber bin, als der Herzog. Hören Sie?
Ohne Verzug sollen Sie kommen. Wir haben
mehr denn hundert Scheffel Haber, und ganze
Böden voll Heu für Ihre Pferde und Maul=
thiere. Gienge es aber gar nicht an, welches
doch der Himmel nicht wolle: so will ich nach
R∗∗ kommen, welches nicht weit von Ihrem
Lager liegt. In diesem Dorfe habe ich einen
Anverwandten, den Pastor, der ein rechter from=
mer Mann ist, und dort will ich Sie sprechen,
und Sie einsegnen lassen, weil Sie doch nicht
mit dem Leben davon kommen werden.

Acht und dreyßigster Brief.

An eben denselben, in das Lager.

Wo dächten Sie, daß ich wäre? In Ihrem
Lager? Nein. In der A∗∗ bey Ihrer
Freundinn? Auch nicht. Wo denn? In dem
Dorfe, wo Sie heute gewesen sind. Hier er=
warte ich Sie, und sage Ihnen einmal für alle=
mal, daß Sie morgen frühe mit mir nach H∗∗
rei=

reisen, und die Vaterstadt Ihres besten Freundes in ganz Deutschland sehen müssen. Meine Mama, meine Schwestern, Christiane, Dorchen, und der ganze Rath in corpore erwarten Sie. Meine Mutter hat blos Ihrentwegen sechs Kapaunen, noch weit mehr Enten und vier Truthüner abschlachten lassen, weil ich ihr gesagt habe, daß Sie ausserordentlich stark ässen. Ich dächte, Sie kämen noch heute nach R = = und bewillkommten mich auf das solenneste. Ich erwarte Sie, oder Ihre Antwort, oder Ihren Gottfried. Der Herr Pastor in R = = nebst seiner Frau Liebste bitten um Ihre Wiederkunft. Sie haben Sie recht gelobt ꝛc.

Neun und dreyßigster Brief.
An eben denselben.

Dem Himmel sey tausendmal Dank, daß Sie noch leben! Ich bin von Herzen erschrocken, als ich die Nachricht von dem unglücklichen Treffen in Schlesien erhielt: aber ich habe gewiß mehr Ihrentwegen, als wegen der Niederlage, gezittert. Mir ist es sehr gleichgültig, wer Schlesien oder Böhmen beherrscht, und ich gönne es jedem, dem es das Schicksaal überlassen will. Doch, Sie über diesem Streite zu verlieren, würde genug seyn, es weder einem

Könige, noch einer Königin, zu gönnen. Es ist ein großes Glück, daß Sie der Gefahr unbeschädigt entgangen sind; allein, es würde ein noch viel größeres seyn, wenn ich wüßte, daß Sie niemals wieder in die Gefahr des Lebens kommen würden. So lange Sie im Felde stehen, das ist, so lange Sie sich auf den ersten Wink eine Ehre daraus machen müssen, Ihren Feind entweder umzubringen, oder von ihm umgebracht zu werden: so lange habe ich noch alles Ihrentwegen zu fürchten. Welcher armselige Soldat würde ich geworden seyn? Kann man nicht anders berühmt werden, als wenn man der Liebe zum Leben entsagt: so will ich lieber hinter dem friedfertigen Pfluge verzagt leben, als auf dem fürchterlichen Bette der Ehren mit Tapferkeit sterben. Es ist wahr, man kann nie, ohne Bewunderung an einen Helden denken, aber auch nie, ohne ihn zu bedauern, daß er ein Held geworden ist. Ist es möglich, so vergessen Sie den Lorbeer, den man durch sein Blut erkaufen muß. Was hilft es mir und allen Ihren Freunden, wenn Sie hundert Feinde mit eigner Hand erlegen, und dabey das Leben verlieren, oder zerstümmelt zurück kommen? Ich werde Sie weit höher schätzen, wenn Sie mir bey Ihrer Zurückkunft gestehen werden, daß Sie die Gefahr menschlich vermieden hätten, als wenn Sie mir sagen, daß Sie Ihr Leben mit Vergnügen an diesem und jenem Orte gewagt.

Nein:

Nein: Zu unsrer Freundschaft brauchen wir die Tapferkeit nicht; sie ist ihr vielmehr schädlich. Ist denn die Welt nicht etwa schön genug, daß man recht darnach eilen sollte, sie nicht länger, als zwanzig oder dreyßig Jahre, zu genießen? Doch was mein Bitten nicht ausrichten kann; das wird vielleicht die Liebe für ihre Freundin bewerkstelligen. Sie erhalten dismal drey Briefe zugleich von ihr, und sie weint alle Tage um Antwort. Schreiben Sie ja, und wenn Sie auch zu Pferde, und auf den Vorposten schreiben sollten. Veränderliches ist nichts mit ihr vorgegangen. Sie betet einen Tag, wie alle Tage, für Ihr Leben; sie seufzt nach Ihrer Wiederkunft, sie thut neue Gelübde, sie liest Ihre Briefe; sie schickt nach allen Zeitungen, und zittert, indem sie liest; sie klagt über mich, wenn ich sie trösten will. Dis sind ihre täglichen Verrichtungen. Der Feldbothe kömmt. Leben Sie wohl, wenn man anders im Felde wohl leben kann. Ich wünsche es Ihnen von Herzen, denn ich bin vor tausend andern ihr Freund ꝛc.

Vierzigster Brief.
An eben denselben.

Ew. Exell. haben mir durch einen von Dero Leuten... Was mache ich doch? Nehmen Sie

Vierzigster Brief.

es ja nicht übel, Herr Rittmeister, daß ich Sie Ew. Excellenz genennet habe. Indeme ich den Brief anfangen will: so stelle ich mir vor, wie Sie einmal als General, aussehen würden. Ich sahe Sie in einem Gesichte mit großen Falten; und in den Minen, wo sonst Liebe und Zärtlichkeit gewohnt hatte, herrschten itzo das Alter und der Krieg. Sie trugen eine schwarze Perüke, und sahen recht fürchterlich ehrwürdig aus. Ich stehe nach meiner Meinung vor Ihnen, und weil ich in der Angst nicht weiß, was ich sagen soll: so fange ich in Gedanken an zu sagen: Eure Excellenz haben mir durch einen von Dero Leuten befohlen ꝛc. und in Gedanken schreibe ich diese Worte aufs Papier. Es ist mir auch ganz lieb. Denn bey dieser Gelegenheit habe ich doch eine Seite vollgeschrieben, und Ihnen zugleich eine versteckte Erinnerung gegeben, daß Ihre Schönheit nicht ewig währen wird. Worauf sind Sie also so stolz? Es ist noch um einen Feldzug zu thun: so ist Ihr ganzer Reiz verlohren. Es haben mich schon viele Officiere versichert, der Feldzug in Böhmen hätte Sie so entstellt, daß Sie sich kaum mehr ähnlich sähen. Kommen Sie nur wieder nach Sachsen; man wird sich nicht sehr um Sie zanken. Was habe ich Ihnen denn gethan? mein lieber ‒ ‒! höre ich Sie sagen. So? Ist dieses nichts, wenn Sie nicht an mich schreiben, und so kaltsinnig mit mir umgehen, als wenn ich Ihr Feldprediger wäre? Sie dürfen

nicht

Vierzigster Brief.

nicht denken, als wenn ich so ein großes Verlangen nach Ihren Briefen hätte, und sie nur gar zu gern läse. Nein! Ich kann sie leicht entbehren. Aber Sie sollen mir doch den Respect nicht entziehen, den Sie mir, als Ihrem Freunde und als einem Gelehrten, schuldig sind. Allein, aller Ihrer Kaltsinnigkeit ungeachtet, will ich doch mein Wort halten, und Ihnen das versprochne Manuscript überschicken. Lassen Sie es aber nicht bey der ganzen Armee herum laufen. Ich will sehen, ob Sie ins künftige zärtlicher mit mir umgehen werden. Es ist, leider! wahr, daß ich Sie noch liebe: allein wenn Sie mir nicht bald schreiben; so hoffe, es vor Ostern noch so weit zu bringen, daß ich in zehen Jahren nicht in die Versuchung fallen will, an Sie zu denken. Mein Vater erkundigt sich fast in allen Briefen nach Ihnen, und damit ich der beständigen Anfrage los werde: so habe ich ihm ganz treuherzig berichtet, daß Sie an einer Feldkrankheit gestorben wären. Wenn Sie es aber nicht leiden können, daß er Sie für todt hält: so dürfen Sie, weil Sie ohne diß gerne schreiben, nur an ihn schreiben, und ihm melden, daß Sie zu großem Glücke oder Unglücke noch lebten. Ich will mirs gefallen lassen, und noch einige Zeit seyn ꝛc.

Ein und vierzigster Brief.
Eines Frauenzimmers an einen Freund.

Damit ich Sie recht von meiner Aufrichtigkeit überführe: so will ich Ihnen etwas entdecken, was man sonst sorgfältig zu verbergen pflegt. Ich rede seit acht Tagen sehr übel von Ihnen, und lenke in allen Gesellschaften, wo ich Freunde oder Freundinnen von Ihnen antreffe, das Gespräche auf Sie. Man fängt Sie an zu loben, und Ihnen allerhand gute Eigenschaften beyzulegen. Dieses mache ich mir zu Nutze. Ich bejahe es, und thue, als ob ich Ihre Verdienste vergrössern wollte, damit man das Böse glauben soll, das ich von Ihnen zu sagen Willens bin. Ich könte Ihnen einige von meinen Erfindungen hersetzen, die Sie gewiß etliche Officierflüche kosten würden; allein, weil Sie die Ungewißheit von dem, was ich sage, am meisten quälen wird: so will ich Sie auch darinnen lassen. Wie gefällt Ihnen meine neue Aufführung? Bin ich nicht ein redliches Frauenzimmer, da ich Ihnen auch so gar meine eigne Bosheit nicht verschweige? Es ist wahr, ich thue Ihnen Unrecht; allein: wie kann ich mir anders helfen? Ich bin zu bedauern, daß ich keine andere Kräfte habe, Sie wieder zu meiner Freundschaft

zu

zu bewegen, als daß ich Ihnen zeige, wie viel ich Ihnen schaden kann, wenn Sie nicht aufmerksamer auf mich sind. So bald Sie es bereuen werden, daß Sie mich letztens ohne Abschied verlassen, und andere mir vorgezogen haben: so bald werde ich aufhören, von Ihnen übel zu reden. Thun Sie dieses: so will ich in allen Gesellschaften durch eben so viel gute Erzehlung meiner ersten Nachrichten widerrufen. Thun Sie es nicht: so fürchten Sie alles von meiner Rache. Ich erwarte, was ich ferner seyn soll; Ihre Freundin oder Ihre Verläumderin.

Zwey und vierzigster Brief.

Hochzuehrender Herr!

Sie versichern mich Ihre Freundschaft, und ich weiß für diese Ehre nicht dankbarer zu seyn, als wenn ich Ihnen sage, daß ich wünsche, sie zu verdienen. Fahren Sie mit Ihrer Gewogenheit gegen mich fort, ich bitte Sie darum, und ich werde diese Bitte um desto öfterer wiederholen, weil ich sonst kein Mittel habe, Sie zu überführen, wie hoch ich Ihre Freundschaft schätze. Aber was soll ich auf Ihren Glückwunsch zu meiner Beförderung antworten? Ich habe noch keine erhalten. Doch mein Schicksaal mag über mich beschlossen haben, was es will, und mir eine Versorgung in Ihrer Vaterstadt geben, oder nicht; so habe ich doch Ursache, Ihnen den verbindlichsten Dank zu sagen, daß Sie an meinem noch ungewissen Glück zum voraus Theil nehmen. Es ist Vergnügen genug für mich, daß Sie mirs vor andern gönnen, und daß Sie mirs, wenn ich es erhalten sollte, durch Ihren Umgang noch schätzbarer machen werden. Ich bin ꝛc.

Drey und vierzigster Brief.

Hochzuehrende Jungfer Schwester!

Ich suche Sie durch diesen Brief von meiner Hochachtung und Freundschaft zu überführen, und der Beweis wird mir sehr leicht werden, wenn Sie mir auf mein Wort glauben wollen, daß das Verlangen, Sie zu sehen und zu sprechen, beynahe die einzige Ursache von meiner Reise nach B.. gewesen ist. In Wahrheit, liebe JungferSchwester! so sehr ich Ihren Versprochnen und meine übrigen Freunde, die um ihn sind, liebe: so würde ich mich doch ohne die Hofnung, Sie zugleich zu finden, nie zu einer Reise von vierzig Meilen entschlossen haben. So weit bin ich in meinem Leben noch nicht gereist, und ich kann mir auch nicht einbilden, daß ich jemals

Drey und vierzigster Brief.

mals wieder so weit reisen werde; ich, der ich alle mögliche Krankheiten befürchte, wenn man nur von einer Spazierfahrt spricht, und eine Zeit von Tag und Nacht brauche, ehe ich Ja sagen kann. Aber stellen Sie sich auch vor, wie sehr ich erschrocken bin, da ich Sie nicht fand; da ich hörte, daß Sie noch vierzehn Meilen von B.. entfernt wären. Ich hätte lieber geweint, und Ihr Bräutigam hatte genug an mir zu trösten; bedauren Sie mich immer ein wenig, ich verdiene es, und wenn auch das zu viel gefodert ist: so belohnen Sie mich wenigstens dadurch für meine Reise, daß Sie nicht daran zweifeln, daß ich sie in der Absicht unternommen habe, Ihnen meine Hochachtung zu bezeugen, mir Ihre Freundschaft zu verdienen, an dem Vergnügen Ihrer Liebe Theil zu nehmen, und Ihnen alle das Glück zu wünschen, das nur ein Bruder seiner Schwester gönnen kann. Ja, liebe Jungfer Schwester! ich bin recht stolz auf die Ehre, mit Ihnen verwandt zu seyn. Ein Frauenzimmer das G.. r zu seiner Frau wählt, muß ausserordentlich gute Eigenschaften haben. Vergeben Sie mir diesen Lobspruch, er geht mir von Herzen, und sehe ihn als eine Pflicht an, die ich der Tugend schuldig bin. Leben Sie wohl, liebste Jungfer Schwester! Ich weiß es gewiß; Sie sind Zeitlebens glücklich, mit Ihrem G.. r glücklich 2c.

N 5   Vier

Vier und vierzigster Brief.

Meine liebe Mademoiselle!

Ich will Ihnen etwas im Vertrauen sagen. Einer von meinen Freunden, der Sie nicht weiter, als aus Ihren Briefen an mich kennet, und aus etlichen kleinen Beschreibungen, die ihm Herr L.. von Ihnen gemacht, hat sich in Sie verliebt. Nehmen Sie sich in Acht, meine liebe Freundin! der Mensch sieht bald, wie Ihr lieber Opitz, aus, dessen Bild und dessen Poesie Sie wohl leiden können; und was wäre leichter, als daß er Ihnen in dieser Miene gefiele, und wenn er Ihnen gefallen hätte, daß Sie ihm am Ende liebten? Gleichwohl weiß ich, daß Sie die Liebe für eine beschwerliche Sache halten. Ich will Sie also recht aufrichtig gewarnet haben, meine werthe Aemilie! hüten Sie sich vor meinem Freunde. Er wird nach G.. kommen. Er hat allerhand Mittel gefunden, die ihm die Bekanntschaft Ihrer Frau Schwester verschaffen werden. Durch diese will er die Ihrige erhalten, und unter dem Charakter eines guten Freundes will er sich unvermerkt in Ihre Liebe einschleichen. Wenn also ein Mensch mit einer halbfinstern Miene, mit ein paar himmelblauen Augen, wenn sich so ein Mensch vor Ihnen sehen läßt: so zweifeln Sie nicht länger, daß es

eben

eben der gute Freund ist, vor dem ich Sie warne. Ich will Ihnen noch Merkmale geben. Er redet wenig in großen Gesellschaften, und bemerkt lieber den Witz der andern, als daß er seinen eignen in Ansehen bringen sollte. Er sucht durch eine ungekünstelte Aufrichtigkeit zu gefallen, und er gefällt, weil es sein natürlicher Charakter ist. Nunmehr werden Sie ihn nicht so leicht verfehlen; aber dem ungeachtet gehen Sie nicht oft allein mit ihm um. Die Liebe hat tausend Mittel, unsere Vorsichtigkeit zu hintergehen. Ich kenne ihren Liebhaber gar zu gut, ich kenne ihn von den ersten Jahren her. Er ist ein Poet; er ist eben so beständig als er zärtlich ist; er redet von der Liebe, ohne die Liebe zu nennen; er scheint oft wider die Liebe zu reden, und macht ihr doch einen verdeckten Lobspruch. Dieses ist es alles, was ich Ihnen in der Eil rathen kann; aber vielleicht habe ich Ihnen schon zu viel gerathen? Vergeben Sie mirs; es ist ein Fehler der Aufrichtigkeit, zu dem mich die Liebe für Ihre Ruhe verleitet hat. Machen Sie mich zu Ihrem Vertrauten, wenn Ihr Liebhaber erscheinen sollte. Ich verdiene diese Belohnung. Leben Sie wohl.

Fünf und vierzigster Brief.
Mademoiselle!

Ihr unbekannter Liebhaber soll nunmehro nicht zu Ihnen kommen. Ich weiß es selbst nicht recht

recht, warum; aber das kann ich Ihnen gestehen, daß ich ihn eben so sehr von dieser Reise abgerathen habe, als ob ich etwas dabey verlöre. Ich habe ihm auch Ihren letzten Brief nicht vorgelesen, so gerne ich sonst mein Vergnügen mit ihm theile. Er ist freylich mein Freund, aber Ihr Brief war so schön, daß er mich nur allein vergnügen sollte. In Wahrheit, Mademoiselle! Sie vermehren durch ihren Briefwechsel alle Tage mein Verlangen, Sie von Person kennen zu lernen, und Ihnen meine Hochachtung mündlich zu bezeugen; ja, ich kränke mich, daß mir meine Umstände nicht so viel Freyheit lassen, dieses unschuldige Verlangen zu befriedigen. Giebt es denn wohl ein größeres Vergnügen, als mit einem vernünftigen Frauenzimmer umzugehen? Fahren Sie fort, mir den Verlust Ihres Umgangs durch Ihre Briefe zu ersetzen, und Ihrem Geschlechte Ehre zu machen. Es wird gewiß, weil Ihnen doch dieser Charakter so wohl gefallen hat; es wird gewiß noch ein Steeley in der Welt seyn, der sich freuen wird, ein Herz, wie das Ihrige ist, zu belohnen. Ich bin ꝛc.

Sechs und vierzigster Brief.
An den Herrn Sekretär K.

Sie sehen wohl, wenn man einen Autor zum Freunde hat: so ist man keine Stunde sicher, daß er uns nicht ein Buch dedicirt, oder uns

Sechs und vierzigster Brief.

uns doch mit einem beschenkt, wir mögen es nun haben wollen, oder nicht. Es kann zum Exempel, seyn, daß Ihnen nicht viel an dem zweyten Theile gelegen ist, aber das verschlägt mich nichts; ich schicke Ihnen dieses Buch dennoch, und bilde mir zu meiner Ruhe fest ein, daß Sie es mit Vergnügen lesen werden. Mit diesem unverschämten Irrthume muß sich ein Autor für seine Mühe bezahlt machen; und je weniger ihm die Welt ihren Beyfall geben will, destomehr muß er sich den seinigen geben. Ja, mein lieber K··, hätten Sie das damals wohl gedacht, als wir noch in der Fürstenschule ganz demüthig in der lezten Classe saßen, das ich ein so fruchtbarer Scribent werden sollte? Nein, Sie haben es gewiß nicht gedacht, gestehn Sie es nur. Aber Sie hätten es denken können? Habe ich nicht in Tertia alle Periodos simplices und compositas, adversatiuas, concessiuas, cet. in Verse gebracht? Habe ich nicht in Secunda mehr als eine aphthonianische Chrie in ganz hübschen Versen gehalten? Sind dis nicht alles Vorbedeutungen von der Autorschaft gewesen? Ich wollte, das ich das itzund wäre, was wir uns damals zu seyn einbildeten, wenn wir beyde bey dem Examen einen öffentlichen Lobspruch bekamen; oder daß ich izt so vergnügt wäre, als wir wurden, wenn wir auf dem Spatzierplane nach einem langen Jahre den Ball einmal schlagen durften. Es waren mit alledem gute Zeiten, und ich wiederhole das Sprüchelgen oft:

Flieht

Fliehr der erſten Jahre Morgen,
O ſo geht es nicht mehr an,
Daß man die beſtimmten Sorgen
Durch den Ball verſchlagen kann!

Endlich komme ich zu meiner Bitte. Seyn Sie ſo gütig mein lieber Freund, und übergeben Sie dem Herrn Grafen meinen Brief nebſt der Beylage, und wenn Sie ſich um mich verdient machen wollen, ſo ſuchen Sie mir ſeine Gnade zu erhalten, und mein Glück ſeiner Vorſorge zu empfehlen. Aber, werden Sie ſagen, warum bitten ſie ihn nicht ſelbſt? Es iſt wahr, es iſt ein Fehler von mir; doch ich kann mir nicht helfen. Ich bin verſchämt, die Zahl der Supplicanten zu vermehren, und einen großen Herrn mit meinen Angelegenheiten zu beſchweren. Le-Sie wohl! bleiben Sie mein Freund, und glauben Sie gewiß, daß ich der Ihrige bin.

Sieben und vierzigſter Brief.
An den Herrn von E***.

Sie denken etwan, ich werde es in Geduld erwarten, bis Sie Ihr Verſprechen an mich zu ſchreiben erfüllen? Aber, Sie ſehen doch wohl, daß Sie falſch gedacht haben? Ja, ich mahne Sie; ich verlange ohne Aufſchub Briefe von Ihnen. Und wenn Sie mir binnen acht Tagen nicht ſchreiben: ſo iſt nichts gewiſ-
ſers,

Sieben und vierzigster Brief.

fers, als daß ich sie noch einmal mahne, und so von einem Posttage zum andern, bis Sie Ihr Wort halten. Ich habe viel zu thun, höre ich Sie sagen: Das glaube ich. Ich muß oft in Gesellschaft seyn; oft verreisen; oft meine Mama, meinen Papa unterhalten! Das kann alles seyn; aber deswegen fällt mein Recht nicht weg. und das mindert mein Verlangen nach ihren Briefen nicht, daß Sie weniger Zeit übrig haben, als ich wünsche. Bedenken Sie nur, wie lange ichs gewohnt gewesen bin, alle Tage einmal mit Ihnen zu sprechen, und wie viel ich seit Michael verlohren habe, da ich Sie nicht mehr sehe, Sie nicht mehr durch meinen Besuch bey Ihren Büchern überfallen, nicht mehr fragen kann: Was machen Sie? mein lieber E..! Ich gehe oft recht betrübt bey Ihrer ehemaligen Wohnung vorbey. Ich sehe in die Fenster, nicht anders, als ob es möglich wäre, daß Sie noch heraus sehen könnten. Habe ich ein klein Vergnügen gehabt: so rührt es mich schon weniger, daß ichs Ihnen nicht erzehlen, daß ich Ihre freudige Mine darüber nicht sehen kann; und wenn ich niedergeschlagen bin, so werde ichs schon mehr, weil ichs Ihnen nicht sagen kann, warum ichs bin. Ersetzen mir wohl etliche Briefe, binnen einem Monate, diesen Verlust? Und diese Briefe wollten Sie mir noch dazu versagen, oder doch sparsam damit seyn? Nein, das können Sie in die Länge nicht! Ihr Herz ist eben so

freund-

freundschaftlich, als das meinige. Sie lieben mich eben so sehr, als ich Sie liebe. Und wenn auch das nicht gewiß wäre: so werden Sie mich doch mit leichter Mühe in diesen süssen Gedanken erhalten können, wenn anders Briefe, wie Sie dieselben schreiben, eine leichte Mühe sind. Wie lieb ist mirs, daß ich Ihnen darinn zuvor gekommen? Sie haben mir also wider Ihren Willen zu einem Vergnügen geholfen, indem Sie mir ein anderes entzogen haben. Ich sehe schon, wie wehe es Ihnen thun wird, sich zu entschuldigen. Doch ich will Ihnen diese kleine Strafe gern erlassen, wenn Sie mir bald und recht viel schreiben. Leben Sie wohl 2c.

Acht und vierzigster Brief.

Hochzuehrender Herr!

Sie haben mich durch einen sehr schönen Brief mit Ihrer Freundschaft und mit Ihrem Beyfalle beehrt, und ich würde mich für dieses doppelte Geschenk schon lange bey Ihnen bedankt haben, wenn ich nicht durch eine Menge kleiner Arbeiten und andere Hindernisse von diesem Vergnügen wäre abgehalten worden. Aber heute soll mich nichts stören; ich will mit ihnen reden, und Ihre Freundschaft genießen, ohne zu untersuchen, ob ich sie genug verdient habe. Ein jeder neuer Freund ist mir ein neues Glück, für das ich dem Himmel danke. Ich weiß mir überhaupt

haupt kein edler Vergnügen zu machen, als wenn ich meine Freunde in Gedanken sammle, und mich mit diesen rechtschaffenen Männern so betrachte, als ob wir eine eigene Familie in der Welt ausmachten. Wie freue ich mich, wenn ich von einem zu dem andern gehe, bey jedem verschiedene Gaben und Verdienst, und doch bey allen einerley guten Geschmack, bey allen ein empfindliches und großes Herz antreffe! und wie stolz werde ich endlich, wenn ich mich als ein Mitglied dieser Versammlung ansehe, und wie erweitert sich meine Seele durch das Verlangen, aller dieser Freunde werth zu seyn?

Dieses Geständniß soll die Stelle der Danksagung vertreten, die ich Ihnen für Ihre freywillig geschenkte Freundschaft schuldig bin. Und um gleich die Pflicht eines Freundes zu beobachten; so will ich Ihnen aufrichtig sagen, was ich von Ihren Poesien urtheile, ohne deswegen das Amt eines Richters auf mich zu nehmen, daß Sie mir aus gar zu großem Vertrauen aufgetragen haben. Sie sind schön, und sie würden noch schöner seyn, wenn Sie alle die kleinen Regeln hätten beobachten wollen, aus welchen die Kunst zu erzehlen besteht. Kurz, die Poesie scheint Ihnen zuweilen einigen Zwang verursacht zu haben, und Sie scheinen sich dadurch an ihr gerächt zu haben, daß Sie manchmal von ihren eingeführten strengen Gesetzen abgewichen sind. Vielleicht würden Sie mich und viele andere im Erzehlen zurück lassen, wenn Ihnen Ihre Umstände ständе eine sorgfältige Uebung und Ausbesserung verstatteten, und wenn Sie einige kunstverständige Freunde bey Ihren poetischen Arbeiten zu Rathe ziehen, könnten. Meine Anmerkungen bestehen in Kleinigkeiten, die sich mündlich sehr bald, schriftlich aber desto übler sagen lassen. Indessen bin ich Ihnen für die Mittheilung Ihrer Poesien gehorsamst verbunden. Bleiben Sie stets mein Freund und Gönner, und glauben Sie, daß ich mit der größten Hochachtung bin ꝛc.

Neun und vierzigster Brief.
An einen vertrauten Freund.

Tausend Thaler wollte ich darum geben, wenn ich Dich in dem Augenblicke mit Deiner Louise überfallen, und nur zwo Stunden bey Dir seyn könnte. . . Ob ich die tausend Thaler gleich habe? Nein, ich habe sie nicht: aber mein Nachbar soll funfzig tausend Thaler haben, und sein Kammerfenster geht in meinen Hof, und ich wollte . . Du verstehst mich doch? Ja, das wollte ich thun, wenn ich Dich und Deine liebe Frau dadurch gleich könnte zu sehen bekommen. Lebst Du denn recht vergnügt, recht zufrieden mit ihr? Und ist Louise überzeugt, daß Sie keinen bessern Mann, als Dich, hätte bekommen können? Ganz gewiß; Aber würdet Ihr nicht eine Freude haben, wenn ich die Eurige mit ansehen, sie geniessen, und Euch Euer

Glück

Neun und vierzigster Brief.

Glück in meinen Augen könnte lesen lassen? Gewiß, mein lieber G..r, Du mußt besser seyn, als ich, weit besser, weil die Liebe sehr für dich sorgt, und für mich gar nicht. Bald wirst Du Dich von einem kleinen Sohne geliebt, nachgeahmt, gelesen, und künftig hergestellt sehen. Bald wirst Du eine liebe Tochter, der Mutter ähnlich, in ihrem Reize heran wachsen, und Dich von einem zärtlichen Poeten mit Thränen gebeten sehen, sie für ihn allein aufzuheben. Alle diese Freuden soll ich nicht haben. Was muß ich doch begangen haben, daß ich keine Louise finden kann? Sage mirs nur, bin ich denn gar nicht liebenswürdig? Die verzweifelte finstre Mine..! aber ich sehe ja nicht stets finster aus. Ich bin ja nicht stets stumm, und ich bin es nie weniger, als bey einem Mädchen, das mir gefällt. Woran liegt es denn? Daß ich nicht so gar jung mehr bin? Das ist noch die Frage. Wenigstens glaube ich noch, daß ichs bin, oder doch zu seyn verdiente. Ich habe doch mit alle dem, wie mir verständige Leute sagen, ein paar hübsche blaue Augen, und eine vernünftige Stirne. Wenn es nur die Schönen wissen sollten, wie sehr ich sie allezeit gelobt habe, und noch lobe, ich wette, daß sie mir gewogner seyn sollten, als Dir. Weißt Du denn kein Frauenzimmer, die mir recht gut ist, und der ich wieder recht gut seyn könnte? Schade für das Glück, berühmt zu seyn, wenn es nicht beliebt macht!

Ich schreibe keine Zeile mehr für die Welt, wenn ich ohne Frau sterben soll. Das kanst Du allen Leuten sagen; vielleicht hören sie diese drohende Nachricht gern. Grüße Deine liebe Frau von Herzen von mir. Ich bin Dein rc.

Funfzigster Brief.
An eine Freundinn.

Mademoisellé!

Soll ich es gewiß glauben, daß Sie seit meiner Abreise vier Briefe an mich geschrieben haben, und daß alle diese Briefe verlohren gegangen sind? Sie sagen mirs, und da mirs unmöglich fällt, in Ihr Wort den geringsten Zweifel zu setzen: so will ich mich für die verlohrnen Briefe eben so nachdrücklich bedanken, als ob ich sie wirklich erhalten hätte. Nur erlauben Sie mir, daß ich den Postbedienten von hier bis B.. alles Unglück wünschen darf. Es ist billig, daß es den Leuten etliche Wochen nicht wohl geht, die Ursache sind, daß ich seit ganzen Monaten keine Zeile von Ihnen haben lesen können. Aber, liebste Freundin! bey wem soll ich mich beklagen, daß die nunmehr erhaltene Zuschrift von Ihnen nicht so zärtlich ist, als ich wünsche? Fragen Sie mich ja nicht, worinnen ich das Zärtliche suche. Fragen Sie vielmehr Ihr Herz, ob es nicht bald anfangen wird, gleichgültig gegen mich zu werden. Sie wollen mir

Funfzigster Brief.

mir Ihr Portrait nicht eher, als mit künftiger Messe, schicken. So lange soll ich noch warten? So lange noch? Und warum soll ich das Vergnügen nicht haben, es mit der ersten Post zu erhalten, da es bloß auf Sie ankömmt? Wundern Sie sich ja nicht über meine ungestüme Anforderung. Untersuchen Sie vielmehr bey dieser Gelegenheit Ihre Neigung gegen mich. Denn wenn Ihnen die Heftigkeit gefällt, mit der ich Ihr Bildniß fodere: so wird es ein Beweis seyn, daß ich Ihnen noch nicht gleichgültig geworden bin. Sie fragen mich, in Ihrem Briefe, wenn Sie mich wieder sehen würden. Was soll ich Ihnen hierauf antworten? Wollen Sie zufrieden seyn, wenn ich Ihnen sage, daß ich mir dieses Vergnügen alle Minuten wünsche? Meine Absichten dürften mich wohl diesen Sommer noch in G.. zurück halten; doch können Sie mir ohne Betheurung glauben, daß ich Niedersachsen nicht verlassen werde, ohne die angenehmste Person noch einmal zu sehen, die ich in diesem Lande angetroffen habe. Ich werde die Ehre Ihrer Bekanntschaft stets als den größten Vortheil meiner bisherigen Reisen ansehen, und mich selber zu hassen anfangen, wenn ich jemals aufhöre, zu seyn ꝛc.

Ein und funfzigster Brief.
An einen Freund.

Sie sind ganz gewiß der Unbekannte, in dessen Namen mir Herr R.. eine so ansehnliche Belohnung für eine geringe Arbeit überbracht hat. Er hat mir es zwar nicht gestehen wollen, und Sie werden mir es auch nicht gestehen; allein ich kann nicht irren, wenn ich Ihnen den Dank dafür abstatte. Wer könte sonst eine so kleine Mühe so reichlich belohnen, und zugleich so bescheiden? Sie haben der Belohnung die Gestalt der Wohlthat benommen, um mich ihrVergnügen, ohne die Unruhe der Verbindlichkeit, fühlen zu lassen. Soll ich Ihnen auch dafür nicht danken? Läugnen Sie es nicht länger, daß ich Ihnen das Geschenk schuldig bin. Sie haben Ihre Absicht erreicht; ich bin völlig überzeugt, daß Sie mir eine Freude haben machen wollen, ohne mich dadurch verbindlich zu machen; allein es gehört nunmehr selbst zu meiner Freude, daß ichs wissen muß, daß ich sie niemand anders schuldig bin, als Ihnen. Ihr Geschenk ist mir nicht so wohl durch Sie angenehm, als weil Sie mirs gemacht haben. Und so verbraucht auch dieser Gedanke ist: so empfinde ich doch seine Wahrheit zu sehr, als daß ich ihn nicht für die aufrichtigste Danksagung halten sollte. Eben itzt erfahre ich, daß es sich mit Ihrem schon so lange ge sterbenden Freunde etwas gebessert hat. Möchte ich doch der erste seyn, der Ihnen die freudige Nachricht gäbe! Ich wünsche Ihnen, nebst Ihrer eigenen Gesundheit, sein Leben zum neuen Jahre, und bin ꝛc.

Zwey und funfzigster Brief.
An eben denselben.

Also haben Sie Ihren besten Freund, Ihren L.., verlohren? Sie dauren mich unendlich, und ich wünschte, daß selbst diese Versicherung etwas zu Ihrer Beruhigung beytragen möchte; denn was habe ich sonst, womit ich Sie aufrichten könte? Gott! wer hätte das vor wenig Monaten bey unserer Zusammenkunft in Merseburg denken sollen, daß dieser so muntre und vor uns allen belebte Freund, der erste und nächste zum Tode seyn solte? Und er war es in diesem Jahr noch. Vater der Menschen! wie flüchtig ist das Leben, das wir so sehr lieben, und als dein Geschenk auch lieben müssen? Ich weine, indem ich dieses schreibe; ich weine mit Ihnen, mein lieber B.., und ich wünsche, daß mich niemand diese Stunde in meinen Thränen und in meinen menschlichen Empfindungen stören mag. Wie könnte ich die lezten Augenblicke vom Jahre, die noch übrig sind, glücklicher anwenden, als wenn ich sie dem Mitleiden, dem Gedanken des Todes, und der Seele des verstorbenen schenke?

Er

Er ist also in dem Schooße der Ewigkeit und der unaussprechlichsten Ruhe..? Was muß ein Geist, von der Erde weggenommen, bey dem ersten Eintritte in das Land der Vollkommenen fühlen? welche göttliche Wollust? Geleitet von der Hand des Allmächtigen, überschaut er die Welten der Seligkeiten; entzückt von den Strahlen der Gottheit, preißt er den Tag der Geburt und des Todes zugleich, und fühlet, daß der Herr Gott ist.. Nun sieht er den göttlichen Erlöser, und verliert sich in dem Meer seiner Liebe, und wird trunken von den Geheimnissen seiner Erlösung.. Er fängt die ewigen Loblieder Gottes und der Tugend an. • Die kleinste gute That auf Erden stellt sich ihm nunmehr im heiligen Licht vor, und eine jede edle Absicht wird ihm zur Belohnung vor dem Allwissenden, und bleibt ihm ein ewiger Ruhm in dem Angesichte der Vollkommenen...

Nehmen Sie, mein lieber W.., diese Bilder der Einbildung zu Hülfe, wenn Sie mit Ihren Gedanken dem Seeligen folgen. Sollte er nicht so glücklich seyn, als ich gesagt habe? Er ist es gewiß, und ich preise Gott in diesem Augenblicke, daß ers ist. Wollten Sie wohl Ihren..., wenn es bey Ihnen stünde, von diesem Glücke auch nur eine Stunde zurück halten? Heben solche Gedanken die natürliche Empfindung, in den Stunden der Wehmuth, und das Verlangen nach denen, die wir lieben und lieben müssen, nicht auf: so machen sie unsere Betrübniß doch zur Tugend, indem sie ihr die gehörigen Schran-

ken

ken geben. Und welcher Troſt iſt ſtärker und erhabner, als der: Der Herr hat ihn gegeben, der Herr hat ihn genommen? Er erhalte Sie in dem Jahre, das wir anfangen, geſund und zufrieden, und ſchenke Ihnen dieſe Wohlthat noch in vielen folgenden. Er laſſe Sie die Freude der glücklichſten Väter erleben, und Sie, in den Sitten und Handlungen Ihrer Söhne das liebenswürdige Herz einer nicht mehr vorhandenen Mutter, und ſtets den Lohn einer ſorgfältigen Erziehung erblicken. Ich wünſche dieſes mit den aufrichtigſten Herzen, und bin zeitlebens ꝛc.

Drey und funfzigſter Brief.

Hochzuehrender Herr!

Ich müßte ſehr unempfindlich ſeyn, wenn mich der Beyfall nicht vergnügen ſollte, mit dem Sie unlängſt meine Poeſie beehret haben; allein ich bin auch zu gerecht, als daß ich ihn ganz für mich behalten ſollte. Ich will vielmehr die Lobſprüche, die Sie mir beygelegt haben, mit Ihnen theilen. Ihr ſchöner poetiſcher Brief überzeugt mich, daß Sie ein näheres Recht dazu haben, als ich. Das Geſchenk Ihrer Freundſchaft hingegen nehme ich mit der gröſten Dankbarkeit an. Und wenn man ſie durch Liebe für den guten Geſchmack, und durch ein gutes Herz verdienen kann: ſo hoffe ich derſelben unaufhörlich werth zu ſeyn. Ich bin zufrieden, daß mir die weite Entfernung das Vergnügen Jhres Umganges entzieht, und ich wollte wünschen, daß Sie mir diesen Verlust durch ihre Briefe ersetzten. Jch bin ꝛc.

Vier und funfzigster Brief.
An eine Freundinn.

Also sind alle Hindernisse gehoben, die Jhre Wünsche so lange aufgehalten haben? Jhr Geliebter ist mit einem ansehnlichen Glücke besorgt, und Sie sind binnen wenig Wochen die Seinige? Keine Nachricht in der Welt hat mich so vergnügt, als diese. Jch kann mich an Jhrem Briefe gar nicht satt lesen. Wer ist glücklicher als ich? fangen Sie ihn an. Ja, wer ist glücklicher, als Sie? Aber, wer hat auch mehr verdient, es zu seyn, als Sie? Wer hat zärtlicher, tugendhafter und beständiger geliebt? Jch sage es Jhnen zur Ehre, daß Sie unter allen Frauenzimmern, die ich zeitlebens gekannt, die gröste Liebe, und zugleich den grösten Heldenmuth bewiesen haben. Auf einen entfernten Liebhaber in dem Frühlinge der Schönheit länger, als acht Jahre, warten; einem Liebhaber mit einem noch ungewissen Glücke die vortheilhaftesten Gelegenheiten aufopfern, ohne sie erst anzuhören; ja, meine Freundinn! wer kann das? Jch möchte Jhren ersten Umarmungen zugesehen haben.

ben. Doch Sie haben mir ja diesen zärtlichen
Auftritt so beschrieben, daß ich ihn gesehen und
gefühlt habe. Umarmen Sie Ihren Geliebten,
indem Sie dieses lesen, und danken Sie ihm in
meinem Namen mit tausend Küssen für das Vergnügen, das er mir durch das Ihrige gemacht
hat. Ich komme gewiß auf ihre Hochzeit. Gewiß;
denn der Himmel ist zu gütig, als daß er mir diese
Freude entziehen sollte, die die gröste Liebe und Tugend belohnt, kurz, Sie und Ihren Mann, nach so
langen Wünschen glücklich zu sehen. Wie wird er
mir in den Armen seiner Braut danken, daß ich
der erste gewesen bin, der sie ihn hat kennen lehren?
Also ist durch meine Freundschaft die zärtlichste,
und endlich auch die glücklichste Liebe entstanden?
Stolzer Gedanke! Ich küsse Ihnen die Hand,
liebste Braut, und bin in acht Tagen selbst bey
Ihnen. Da will ich Ihnen durch mein Vergnügen über Ihr Glück beweisen, daß ich vor
tausend andern bin ꝛc.

Fünf und funfzigster Brief.
An die Frau von P**.

Gnädige Frau!

Ob mich gleich Ihr Herr Gemahl versichert
hat, daß Sie es gerne sehen würden, wenn
ich in Versen an Sie schriebe; und ob ich gleich

nichts

nichts lieber thue, als was Sie gerne sehen: so kann ich mich heute doch nicht überwinden, poetisch an Sie zu schreiben. Vor einigen Wochen würde ichs ohne Bedenken gewagt haben; denn damals hatte ich Ihre Gedichte noch nicht gelesen. Ich wußte, daß Sie eine Liebhaberin von der Poesie wären, aber ich wußte nicht, daß Sie selbst so schön dichteten. Itzt weiß ichs nicht allein, sondern ich fühle es noch. Und aus Furcht, keine solche Verse zu machen, als Sie verdienen, als Sie selbst machen, und als Sie vielleicht von mir hoffen, will ich heute lieber keine machen, sondern warten, bis eine Stunde kömmt, da ich mehr Herz, wenn gleich nicht mehr Glück haben werde. Aber ich entschuldige mich nicht anders, als ob Sie etwas verlören, daß dieser Brief prosaisch, und nicht poetisch ist. Ist dieser Fehler fast nicht eben so groß, als wenn ich ein schlechtes Gedicht gemacht hätte? Kann ich nicht von etwas wichtigerm reden? Ja, Madame! erlauben Sie mir, daß ich frage, wie Ihr lieber Gemahl lebt, und ob Sie ihn nicht mit jedem Tage liebenswürdiger finden? Ganz gewiß; Und dieses ist die Frucht Ihres Umganges. Wenn Sie es nur hören sollten, wie glücklich er sich preist, daß er Sie besitzt. Ich dürfte beynahe sagen, daß er mir itzt gewogener ist, als jemanden, blos weil er sieht, wie hoch ich Sie schätze, und wie sehr ich überzeugt bin, daß er keine bessere Wahl hätte treffen können. Ich sehe, daß ich in der Gefahr stehe, mehr zu sagen, als

es

es Ihre Bescheidenheit erlaubt, ja ich fürchte, daß ich diesen Fehler, in den die eifrigste Hochachtung am leichtesten verfällt, schon begangen habe. Ich will also lieber schliessen, und Ihnen durch mein Stillschweigen die Größe der Ehrerbietung zu erkennen geben, mit der ich vor allen andern bin ꝛc.

Sechs und funfzigster Brief.

Mein lieber Freund!

Ich bin krank. Kann man sich denn etwan gesund schreiben, wenn man an Sie schreibt? Sonst konnte ich mich zuweilen gesund lesen; aber itzt hilft es auch nicht mehr. Ich habe gestern alle Ihre Schriften hervor gesucht, und las sogar meine eigenen, und ich blieb immer noch mattherzig, immer noch schwergeistig. Ja, ja der Witz mag freylich nicht vor alles helfen. Wenn ichs gleich versuchen wollte, ob ich mich an Ihrem Christianchen gesund küssen könte? Was meynen Sie? Es kann mir wenigstens nichts schaden, und Sie verlieren nichts dabey. Ich habe mir immer sagen lassen, daß ein Kuß von einem lieben Mädchen eine halbe Universalmedicin seyn soll. Ach! was müssen nicht tausend, nicht noch einmal tausend, für Stärkung geben? Ich will es also immer wagen, und Sie sollen der erste seyn, dem ich meine Gesundheit melden will, wenn das Mittel anschlägt. Was thut man nicht der Gesundheit
wegen?

wegen? Und was läßt sich nicht ein guter Freund gefallen, um dem andern dazu zu verhelfen? Machen Sie sich keine Sorge, es soll keine Gewohnheit daraus werden; Sie sollen auch nicht dabey vergessen werden. Ach! will ich sprechen: noch eins, Christianchen, nur noch eins, nicht für mich, für Ihren Freund, für Ihren lieben Damon.=... Sehen Sie, so küßt Ihr Damon=.., doch nein, er küßt nicht ganz so; aber so=.. Ich will gleich zu ihr gehen, denn es wird mir über dem Schreiben immer schlimmer. Itzt trit mirs recht ans Herz. Leben Sie wohl.

Sieben und funtzigster Brief.

Madame!

Sie verlangen, daß ich die Mütter durch eine öffentliche Schrift zu einer sorgfältigen Erziehung der Töchter ermuntern soll. In der That ist ihr Verlangen sehr gerecht; aber würde ich auch Gehör finden? und wenn ichs fände, würden die armen Mädchen nicht dabey zu kurz kommen? Stellen Sie sich einmal vor, daß die Mütter meinem Rathe folgten, und ihre Töchter auf eine recht feine Art erziehen ließen; daß sie sie eben sowohl denken und reden lehrten, oder lehren ließen, als nähen und kochen; was würde daraus entstehen? unter hundert Mädchen würden kaum ihrer zehen einen Mann bekommen, und unter

Sieben und funfzigster Brief.

unter diesen zehen Ehen würden kaum zwo glückliche seyn. Nein, Madame, so lange die meisten Mannspersonen albern sind: so würde es das größte Unglück für unverheirathete Frauenzimmer seyn, wenn sie alle klug wären. Entweder die Männer würden sie nicht haben wollen, weil sie den Fehler hätten klüger, als sie, zu seyn; oder die Mädchen, wenn auch mein Rath Gehör fände, würden sie nicht haben wollen, weil sie ihnen zu albern wären. Aber könte denn nicht ein kluger Mann zehen kluge Weiber nehmen? Ja, das läßt sich ganz wohl denken; aber die Poligamie hat zu viel Beschwerlichkeiten, als daß wir sie wieder einführen sollten. Ich, zum Exempel, komme außer mir, wenn ich nur ein kluges und liebenswürdiges Frauenzimmer um mich sehe; was würde mit mir werden, wenn ihrer zehn mein Herz an sich zögen? Nein, Madame! die Liebe kann ohne die Gleichheit der Gemüther nicht bestehen, lassen Sie also immer die meisten Mädchen ohne Witz aufwachsen, damit sie ihren künftigen Männern gleichen. Es ist genug, wenn eine kleine Anzahl Schönen in jedem Lande sorgfältig erzogen, und durch den guten Geschmack recht liebenswürdig, und zur Liebe fähig gemacht wird, damit die Klugen gute Weiber bekommen. Für Christianchen bin ich unbesorgt, so lange sie unter den Händen ihrer vernünftigen Mutter und ihrer lieben Tante ist. Ihr gutes Herz wird bey so vielen Beyspielen, die besser lehren, als alle Regeln, leicht ausgebildet, und

mit

mit allen den Vorzügen erfüllt werden, die ein Frauenzimmer von der Unschuld, der Klugheit und der Wohlanständigkeit zu erhalten pflegt. Aber, wo wird das gute Kind einen Mann finden, der ihrer werth ist, wenn sie so wird, wie sie uns hoffen läßt? Das weiß ich Ihnen nicht zu sagen, wenn ich auch noch so lange herum sänne. Leben Sie recht wohl.

Acht und funfzigster Brief.
An einen guten Freund.

Ueber Ihren unwitzigen Capellan habe ich mich sehr geärgert, noch mehr aber über Ihre boshafte Erzehlung, und endlich noch mehr über mich, daß ich albern genug gewesen war, mich über jenes Unwissenheit, und über Ihre Bosheit zu ärgern, da beydes mein Mitleiden hätte erwecken sollen. Was ist es denn nun, ob mich dieser unbekannte Mann kennet und liest, oder nicht? Und was ist es denn nun mit des andern seinen Spöttereyen? So dachte ich, da ich wieder zu mir selbst kam. Er will dir ungefehr sagen, daß du kein vortreflicher Autor wärst. Gut, laß ihn reden! Er glaubt es freylich nicht,

Sed qui te vendit, Bibliopola putat.

Ist das nicht genug? Nachdem ich dieses Gedachte gesagt habe, so fühle ich sehr genau, daß ich nicht mehr böse auf Sie bin. Aber dem ungeachgeachtet, soll mein Brief nicht länger werden, als der Ihrige, weil ich nicht sehe, warum ich mehr an Sie schreiben soll, als Sie an mich, da ich, wo nicht vornehmer, doch eben so viel bin, als Sie. Ihr Brief ist fünf und zwanzig Zeilen lang, und meiner, wenn Sie den Pentameter für zwo Zeilen rechnen, hat eben so viel Zeilen. Also leben Sie wohl. Es kömmt nicht blos darauf an, daß Ihnen meine Briefe lieb sind; nein, Sie müssen sie durch die Ihrigen verdienen. Gefällt Ihnen diese Schmeicheley?

Neun und funfzigster Brief.
Madame!

Sie haben an mich geschrieben, und ich bin über diese Höflichkeit mehr als einmal roth geworden. Man kann die Nachläßigkeit nicht höher treiben, als ich sie getrieben habe. Zehn Jahre vorbey zu lassen, ohne an eine Person zu schreiben, die man hoch schätzt, das ist ein unglaublicher Fehler, und gleichwohl habe ich ihn begangen, und ich würde noch einen größern begehen, wenn ich unverschämt genug wäre, den ersten zu entschuldigen. Sie haben mir in Ihrem Briefe nicht den geringsten Vorwurf gemacht, und das hat mich am meisten geschmerzt. Lassen Sie es an dieser Strafe genug seyn, und wenn Sie daran denken, daß ich in zehn Jahren nicht an Sie geschrieben habe: so denken Sie auch daran

daran, daß ich zwey Jahre lang beynahe alle Wochen einigemal an Sie geschrieben, und Sie vielleicht alle Monate einmal besungen habe. Lassen Sie die Frau Commißionsräthin mit der Phillis abrechnen. Denn diesen Ruhm können Sie mir doch nicht nehmen, daß ich ein rechter sorgfältiger und gewissenhafter Liebhaber gewesen bin. Aber, was muß ich Ihnen doch in allen den vielen Briefen und Gedichten gesagt haben? Das möchte ich gerne wissen. Steht denn in allen nichts, als das ich liebe? Das kann nicht möglich seyn. Bringen Sie mir doch meine Briefe auf die Messe mit, ich bitte Sie recht inständig darum. Sie werden die Ihrigen in meinem Schreibetische so sorgfältig aufgehoben finden, als kein Gelehrter sein kostbarstes Manuscript aufhebt; aber das versteht sich, daß sie ziemlich abgenutzt sind. Ich trug sie das erste Jahr aus großer Liebe meistens bey mir. Im andern machte ich sinnreiche Anmerkungen dazu, und im dritten schloß ich sie mit vieler Bekümmerniß in meinen Schreibetisch ein, weil ich hörte, daß Sie heyratheten. Wird Ihr Herr Liebster nicht lachen, wenn er sieht, wie grausam Sie mich haben seufzen lassen! Wie lange habe ich sie bitten müssen, daß Sie nicht mitten unter meinem kläglichen O und Ach davon liefen? Ich glaube ein ganzes Vierteljahr. Eine solche Anekdote findet man in allen Romanen nicht. Dennoch küsse ich Ihnen nach zehn Jahren noch

die

die Hand, und bin mit der größten Hochachtung ꝛc.

Sechzigster Brief.
Liebster Freund!

Also bin ich Ihr Beförderer, und geschickter, meine Freunde zu versorgen, als mich selbst? Reisen Sie ins Gebürge, und nehmen Sie Ihr Amt, als ein Geschenk Ihres günstigen Schicksals an, das Sie so lieb gehabt hat, es Ihnen durch die Hand eines Freundes, und nicht eines Gönners, zu überreichen. Schreiben Sie oft an mich, und erzehlen Sie mirs, wenns Ihnen wohl gehet. Dieses soll die Belohnung für eine Freundschaft seyn, für die ich eigentlich gar keine zu fodern habe. Ich bin Ihr lieber ꝛc.

Ein und sechzigster Brief.
Madame!

Ich will Ihren Brief nicht sowol beantworten, als Ihnen nur sagen, daß ich ihn erhalten habe. Ich setzte gerne hinzu, daß ich ihn mit dem größten Vergnügen gelesen hätte, wenn ich dieses ohne Eitelkeit von einem Briefe sagen dürfte, der größten Theils mit meinem Lobe angefüllet ist. Doch, was soll ichs leugnen? So bescheiden ich auch bin, oder zu seyn wünsche: so sehe ich mich doch von niemand lieber gelobt, als

als von einem Frauenzimmer, wie Sie sind: und ohne die Begierde, Ihrem Geschlechte zu gefallen, würde ich nicht nur überhaupt weniger, sondern auch weniger Gutes geschrieben haben. Die beyden Gedichte, von welchen Sie reden, sind von mir. Eins davon hat mir selbst gefallen; aber ach! wie selten erlebe ich dieses Glück! Ich habe so vielmal ohne Liebe von der Liebe singen müssen, daß es ein Wunder wäre, wenn diese Gedichte etwas mehr, als die Melodie der Liebe, enthielten. Soll ich Ihnen denn nicht zum neuen Jahre gratuliren? Beynahe möchte ich Ihnen das alles hersetzen, was ich Ihnen gönne, und was sie verdienen; aber, nein, Sie haben mir ja nichts gethan! warum sollte ich Sie mit einem langen Wunsche bestrafen? Leben Sie nebst Ihrem Herrn Liebsten, glücklich und zufrieden. Ich empfinde es, daß mir dieser Wunsch von Herzen gehet, und daß mich schon der bloße Gedanke von Ihrem künftigen Glücke vergnügt.

Zwey und sechzigster Brief.
Mademoiselle!

Ich wills Ihnen recht aufrichtig gestehen, warum ich Ihnen so lange nicht geantwortet habe. Ich bin . . was dächten Sie wohl? Krank gewesen? Nein. Verreist gewesen? Auch nicht. Mit Geschäften überhäuft gewesen? Noch weniger. Ich sehe es wohl, Sie errathen es nicht; aber könnten Sie es denn nicht

nicht errathen, wenn Sie wollten? Bedenken Sie nur, ich bin, ohne mich zu loben, ein Poet, und von Natur .. Nicht wahr, nun wissen Sie es? Ja, meine liebe Mademoiselle, Sie haben Recht, ich bin verliebt geworden, und deswegen habe ich Ihren Brief, und wohl noch dreyßig andere seit vielen Monaten unbeantwortet gelassen. Allein, damit ich mich gleich für meine Aufrichtigkeit bezahlt mache: so verlange ich, daß Sie mir in Ihrem künftigen Briefe meine Nachläßigkeit nicht vorwerfen sollen. Die Ursache, die mich dazu verleitet hat, ist ja so menschlich, als eine seyn kann. Ja, Mademoiselle, wenn Sie nur das liebe Mädchen sehen sollten! Wenn Sie nur ihre großen blauen Augen, die unschuldige und zugleich witzige Mine .. Doch ich darf nicht weiter an sie denken, sonst vergesse ich das Schreiben. Wie sie heißt, wollen Sie wissen? Das ist beynahe zu viel gefodert. Soll ich Ihnen denn das ganze Geheimniß sagen? Doch ich nenne den Namen gar zu gern. Sie heißt, wie Sie, Aemilie. Werden Sie nicht roth, ich will kein Wort mehr sagen, ausser daß ich Ihr beständiger Freund und Verehrer bin.

Drey und sechzigster Brief.
An eine Anverwandte.

Meine liebe Freundinn!

Ich bedaure es alle Tage, daß ich Sie noch nicht von Person kenne, und zuweilen bin ich

ich so eitel, daß ich mir einbilde, es könnte Ihnen auch nicht gleichgültig seyn, daß Sie mich noch nicht kennen. Stören Sie mich ja nicht in dieser süßen Einbildung. Sprechen Sie nicht, daß Sie Ihr Verlangen dadurch befriedigen, weil Sie von Ihrem Manne, als meinem andern Ich, auf mich schlößen. Der Einfall ist sehr sinnreich; aber er gefällt mir doch nicht ganz. Es ist wahr, ich und Ihr Mann, wir haben vieles gemein; allein wir gleichen einander doch nicht in allen. Zum Exempel, ich habe keinen von seinen Fehlern, ich lasse mich weit besser lenken, als er: ich mache keine Spöttereyen, und rede meinen Freunden nichts Böses nach. Ich bin ein vortreflicher Wirth, und blos das, was ich in meinen jüngern Jahren ersparet habe, beläuft sich sehr hoch. Er hingegen wird Ihnen aus dieser Zeit nicht das Geringste aufweisen können. Hundertmal habe ich zu ihm gesagt: Liebster Freund, legen Sie doch etwas zurück; wenn sie einmal heyrathen, alsdann ist dieses Geld gefunden, aber es half nichts. Er blieb immer leichtsinnig. Freylich wird ers läugnen, wenn Sie ihn darüber zur Rede setzen; denn wer gesteht gerne seine Fehler? Verliebt ist er auch Zeit seines Lebens gewesen. Hat er Ihnen denn nichts von einem Frauenzimmer erzehlt, die Calliste hieß?« Doch ich mag nicht reden. Sie möchten böse auf ihn werden, und das wollte ich doch nicht gerne. So viel kann ich Ihnen im Vertrauen

sa-

sagen, daß er mit meiner Schwester noch bis diese Stunde eine heimliche und verbotene Correspondenz führt. Sie ist freylich schon funfzig Jahre; allein wozu ist das viele Schreiben nütze? In der That ists wahr, er schreibt sehr schön, und hat auch eine bessere Hand, als ich; er macht bessere Verse, als ich; er kann sehr tiefsinnig denken. Aber bey allen seinen schönen Versen, bey aller seiner Tiefsinnigkeit, ist er (nehmen Sie mirs nicht übel, daß ich mich wieder selber loben muß) ist er, sage ich, im Umgange doch nicht so munter, so artig, so gefällig, so gesellschaftlich, wie ich. Es sagte nur letztens noch eine Französin zu mir, daß ich unter allen deutschen Gelehrten, die sie gesehen hätte, die meiste Vivacité (es ist ihr eignes Wort) besäße, und am wenigsten ein Pedant wäre. Leider hängt es den meisten Leuten aus der Studierstube hier an, daß sie in Gesellschaften stumm sind; ich hingegen, ob mir gleich meine Feinde das Gegentheil zeitlebens nachgesagt haben, und mit vieler Wahrscheinlichkeit noch immer nachsagen, ich bin so wenig zu diesem Fehler geneigt, daß ich sogar in der Gesellschaft der Schönen unserer Stadt immer das letzte Wort habe; und dazu gehört gewiß viele Beredsamkeit. = = Ob ich so schön aussehe, wie Ihr Mann, das will ich eben nicht gesagt haben. Indessen habe ich mich vorigen Sommer in Miniatur abmalen lassen, und alle Welt gesteht, daß mein Gesicht im Bilde

P 4 recht

recht angenehm aussiehet. Ich werde mir die Freyheit nehmen, es Ihnen mit der ersten B... Messe zu überschicken, damit Sie wenigstens die Bildung Ihres Verehrers und besten Freundes kennen lernen, und damit ich den kleinen Fehler nicht mehr begehen darf, mich selber zu loben, um ein Verlangen nach meiner Bekanntschaft in Ihnen zu erwecken, und Sie zu einer Reise nach Obersachsen zu bewegen. Im Vorbeygehen gesagt, meine liebste Freundinn, es sollte Ihnen bey uns so wohl gefallen, daß Sie wohl gar die Rückreise vergäßen.

Ich könnte hier meinen Brief mit gutem Gewissen schließen, wenn ich Ihnen nicht sagen wollte, daß das beygelegte Präsent von mir herrühre. Nicht, als ob Sie mich deswegen zu Gevattern bitten sollten. Nein. Ich sagte zu meines Bruders Frau unlängst: Frau Schwester, ich möchte unserer Freundinn in B.. gern ein klein Präsent machen, wozu rathen Sie mir? Das will ich Ihnen bald sagen, fieng sie an. Bitten sie die Madame St... daß sie ihnen ein Taufmützgen oder Häubchen, (ich weiß es selbst nicht, wie es heißt,) macht, und schicken sie es Louisen; vielleicht braucht sie es bald. Ihr Mann ist viel zu unbedachtsam, als daß er an solche Sachen denken sollte. Dieses waren ihre Worte. Kurz, was man mir sagt, das thue ich. Ich schicke Ihnen also dieses Zeichen meiner Vorsorge, ohne daß es eben ein Beweis von

der

der Liebe und Hochachtung seyn soll, mit welcher ich bin ꝛc.

Vier und sechzigster Brief.
An den Herrn von S**.

Mein lieber kleiner S**.

Ich weiß Ihnen nichts zu schreiben, als daß ich Ihnen nichts zu schreiben habe. Denn daß ich Sie liebe, daß ich sie hoch schätze, dieses habe ich Ihnen nun schon zehn Jahre nach einander geschrieben. Die Comödien kann ich Ihnen nicht schicken, und wenn Sie mich in die Wache wollten setzen lassen. Ich denke aber bald mein Wort zu erfüllen. Leben Sie wohl, und kommen Sie recht gesund aus dem Bade wieder. Ich bin wieder krank, und dennoch schreibe ich noch. Ja, mein lieber S..., wenn Sie einmal merken, daß ein Sohn von Ihnen ein Autor werden will: so lassen Sie ihm die rechte Hand lähmen. Es ist ein Unglück besser, als das andere. Ich bin Ihr lieber ꝛc.

Fünf und sechzigster Brief.
An eben denselben.

Sie haben mir einen recht schönen Brief geschickt, für den ich Ihnen nicht besser zu danken weiß, als daß ich ihn gleich in der ersten Stunde

Stunde beantworte. Ich vergebe mirs nun recht gern, daß ich mein Wort nicht gehalten, und Ihnen nicht zuerst geschrieben habe; denn vielleicht hätte ich diesen Brief nicht. Ich will Ihnen also auch nicht einmal sagen, daß ich im Gebirge gewesen bin, daß ich meine Mutter besucht, und also mehr als eine Hinderniß, gehabt habe, nicht an Sie zu schreiben. Das aber muß ich Ihnen sagen, daß ich auf meiner ganzen Reise recht erbärmlich krank gewesen bin; denn ihr Mitleiden ist mir lieber, als die kluge Regel, daß man nicht immer klagen soll.

Sie muntern mich im Namen der fränkischen Schönen auf, bald den dritten Band von meinen F. und E. heraus zu geben; aber sagen Sie diesen witzigen Kindern nur getrost, daß so leicht keiner kommen wird. Ich will lieber ihren Zorn unschuldig ertragen, als vielleicht durch einen dritten Band ihren Beyfall verlieren. Ich habe von den Stücken, die ich Ihnen einmal vorgelesen, wenigstens schon die Hälfte vertilgt; und ich bin mir diese Grausamkeit schuldig. Unfruchtbar seyn, ist immer noch besser, als die Welt mit mittelmäßigen Geburten beschweren. Sie wissen es, daß ich itzt den größten Theil der Zeit ganz andern Arbeiten schenken muß, als denen, die mich der Welt, oder doch den Buchhändlern, bekant gemacht haben; und wer gut schreiben will, kann nicht immer, und soll auch nicht viel schreiben. Schreckliche Wahrheit! Bitten Sie nur bey diesen Schönen für mich! Ein gut Wort von

Ihnen

Ihnen kann mehr ausrichten, als ein Band von meinen Schriften. Sagen Sie ihnen endlich, was Sie selbst schreiben könnten, wenn Sie wollten; so werden diese Frauenzimmer die Fortsetzung von allen meinen Werken entbehren können. Und noch einmal endlich, kommen Sie bald wieder. Sie sind nicht allein für die Schönen in Darmstadt gemacht; nein, es warten in L.. und wenigstens drey Meilen in Umkreis viele auf Sie; auch viele Freunde und besonders Ihr lieber ꝛc.

Sechs und sechzigster Brief.
Gnädige Frau!

Wenn Sie mir auch nicht die Ehre erlaubt hätten, an Sie zu schreiben: so würde ich sie mir selbst genommen haben, um Ihnen von Leipzig aus zu sagen, wie viel ich Ihnen Dank schuldig bin. Sie haben mich nicht allein acht Tage in Ihrem Hause geduldet, sondern mir zugleich so viele Gnade erwiesen, als ob ich Ihr eigner Gast gewesen wäre. Womit habe ich das alles verdient, gnädige Frau? Womit? Doch genug, daß es Ihr Charakter ist, auch gegen die gefällig zu seyn, die keinen Anspruch darauf machen können. Kann ich dadurch dankbar seyn, daß ich die Ehre niemals vergesse, die Sie mir erwiesen haben: so werde ichs zeitlebens seyn. Ich werde es wenigstens so oft seyn müssen, als ich B.. nenne, oder nennen höre, und Ihnen allemal in Gedanken die Hand küssen. Dies Gesetze ze will ich mir machen; und o wie leichte wird es mir zu halten seyn! Ich könte Ihnen nunmehr eine sehr klägliche Beschreibung von meiner Rückreise machen; aber es wird genug seyn, wenn ich Ihnen sage, daß ich erst Donnerstags Abends um eilf Uhr in Leipzig angekommen bin. Also habe ich über zwey und zwanzig Meilen vier Tage und drey Nächte gereiset. Der böse Kutscher! Mit ihm soll niemand, als mein Feind, niemand, als der fahren, der was Böses im Sinne hat. Vergeben Sie mir diesen kleinen Eifer. Ich weiß nichts mehr zu sagen, als daß ich mit der vollkommensten Ehrerbietung und Erkenntlichkeit bin rc.

Sieben und sechzigster Brief.
Eines Frauenzimmers.

Machen Sie sich keine Sorge, Ihr Freund hat weder eine Belohnung zum voraus, noch eine bey der Ueberbringung Ihres Briefes erhalten. Ich kann mich auch nicht besinnen, daß ich Ihm eine versprochen hätte; und wenn es auch geschehen wäre, so will ich mich nicht besinnen, weil er damit gepralt hat. Ueberhaupt haben Sie recht, er ist ein bischen tückisch; so eine ehrliche Mine, als er sich auch geben kann. Was verliert er denn, wenn Sie an mich schreiben? Nichts, auf der Welt nichts. Und wenn er ja ein Recht zu haben glaubt, Sie zu hintergehen,

muß

Sieben und sechzigster Brief.

muß er es denn zu meinem Schaden thun, und Ihnen den giftigen Rath geben, daß Sie nicht mehr an mich schreiben sollen? Aber der gute boshafte Rathgeber hat sich betrogen, und er soll unsern Briefwechsel nicht aufheben, wenn er auch zaubern könte, und das kann er doch gewiß nicht. Ich sage Ihnen also, daß mir Ihre Briefe recht angenehm sind, und ich traue dieser Versicherung so viel zu, daß ich bald wieder einen von Ihnen erhalten werde. Und wenn die meinigen dazu dienen, Ihnen einen zufriedenen Augenblick mehr zu machen: so wüßte ich nicht, warum wir nicht zeitlebens an einander schreiben wollten. Ja, wir wollen es thun, wir wollen uns schreiben; und wenn es den schlauen Freund verdrießt, wollen wir uns gar gut seyn, und er soll unsere Briefe bestellen, und unsere Freundschaft immer wachsen sehen müssen, damit er nicht ohne Ursache böse ist. Ich kann ihn fast gar nicht mehr leiden, und ich habe große Lust, ihn zu hassen, wenn Sie meynen, daß man sich an ihm eben nicht sehr versündiget. Doris will ich mit der Bedingung für Sie aufheben, wenn Sie als Mann noch so artig und fromm seyn wollen, als Sie als Jüngling sind. Unser boshafter Freund kömmt; ich will ihm den Brief dreist vorlesen, er kann mir doch kein finstrer Gesichte machen, als er schon mitbringt. Da sieht er kaum, daß ich recht sehr Ihre gute Freundinn bin ꝛc.

Acht und sechzigster Brief.
Hochzuehrender Herr!

Es thut mir leid, daß ich die Ehre, die Sie mir anbieten, nicht annehmen kann. Eine Frühlingscar, und eine Reise, die ich deswegen vornehmen muß, und zwar noch diese Woche, verwehren mir, eine Vorrede vor ihre Gedichte zu machen, und kommen meiner Bescheidenheit und Furchtsamkeit in diesem Falle zu Hülfe. Indessen danke ich Ihnen von ganzem Herzen für das besondere Vertrauen dessen Sie mich würdigen, und ich will es den Augenblick durch eine freundschaftliche Erinnerung zu verdienen suchen. Ich wünschte nemlich, Hochzuehrender Herr, daß Sie Ihre Gedichte vor dem Drucke noch mit einigen guten Freunden und Kennern durchgehen, und hin und wieder verbessern, auch etliche gar weglassen möchten. Ich finde überhaupt viel schönes darinnen; aber auch vieles, das mir nicht gefällt; vieles, das mir in Ansehung Ihres Charakters zu frey scheinet, zumal wenn ich bedenke, daß diese Schrift einem großen Gottesgelehrten dedicirt ist. Doch ich kann irren, und es kömmt nicht auf meinen Ausspruch an, sondern auf das Urtheil der Kenner. Haben Sie dieses schon zu Rathe gezogen: so will ich mit Freuden Unrecht haben. Alles dieses sage ich Ihnen aus wahrer Aufrichtigkeit, und nicht im geringsten aus einem kritischen Stolze. Ich wünsche mir Ihre Freundschaft,

schaft, und rede mit Ihnen, als Ihr Freund.
Nehmen Sie mirs also nicht übel, wenn ich bey
meiner Erinnerung die Worte nicht sorgfältig genug
gewählt habe. Ich bin mit der größten
Hochachtung ꝛc.

Neun und sechzigster Brief.
Meine liebe Jungfer Muhme!

Ich habe Ihr doppeltes Geschenk erhalten. Es
herrscht in Ihrer Art, zu sticken, eben der
gute Geschmack, der in Ihren Briefen und Gesprächen
herrscht, und ich würde ungerecht handeln,
wenn ich Ihnen diesen Lobspruch länger
verschweigen wollte. Genug, Sie haben mich
mit Ihrer Geschicklichkeit beschenkt; und was ist
billiger, als das ich Sie wieder mit der meinigen
beschenke? Für zwo Stickereyen von ihren Händen
schicke ich Ihnen zwey Bücher von den meinigen;
ein Catechismus und ein Roman. Wenn
Sie der lezte verderbt, so soll Sie der erste unmittelbar
wieder bessern. Sie lachen? Wollen
Sie mir dadurch sagen, daß ich mir diese Sorge
nicht machen dürfte; daß mein Roman selber ein
Catechismus wäre; Ey, ey, Jungfer Muhme,
das war zu boshaft gelacht! So beißend hat mich
noch kein Mensch kritisiret. Ich dergebe es Ihnen,
weil ich nicht gleich ein Mittel weiß, mich
zu rächen. Wir sind nahe Freunde und .. ja;
und wer weiß, ob Sie ganz Unrecht haben? Wir
wollen nicht mehr daran denken. Leben Sie wohl.
Grü-

Grüßen Sie Ihre liebe Mama und Jungfer Schwester hundert mal von mir.

Siebenzigster Brief.
An eine Freundinn.

Meine liebe Madame!

Ehe wir noch mit einander reden, so erlauben Sie mir, daß ich Ihnen in Gedanken etliche Dutzend Mäulchen geben darf; denn das kann Ihr Mann nicht sehen, und wenn ers auch nach seiner Scharfsichtigkeit sähe: so kann ers uns doch nicht wehren. Auf die Mäulchen will ich Ihnen nunmehro sagen, daß ich Ihnen recht herzlich gut bin, und daß ich von Ihrer freundschaftlichen Seele eben dieses erwarte. Ach wenn doch der May schon da wäre! Den ganzen May will ich bey Ihnen zubringen; da wollen wir miteinander reden, mit einander lesen, mit einander scherzen und spazieren gehen und uns freuen, daß wir leben und gute Freunde sind; da wollen wir uns ins Grüne setzen und Blumen pflücken, und einander Kränze winden, und dem Himmel für den ganzen Frühling danken. Alles das wollen wir thun! Aber wo soll denn Ihr Mann bleiben? Ihr Mann? Der kann auch mitgehen, wenn er nicht zu studieren hat. Er kann aber auch zu Hause bleiben, und unterdessen etwas poetisches oder prosaisches arbeiten, damit er uns bey unserer Zurückkunft etwas vorlesen, und sich unsern

Siebenzigster Brief.

Beyfall verdienen kann. Wer gesund ist, der muß arbeiten, und wer so viel Geist hat, wie Ihr Mann, der muß für zwo Personen arbeiten; ein kranker Poet aber, und eine liebe junge Frau müssen sich für drey Personen vergnügen. Der Doctor hat mir ausdrücklich gerathen, daß ich den Brunnen in Ihrer Gesellschaft trinken soll; und wenns der Doctor nicht gewesen ist, so ists mein eigenes Herze gewesen, und beyden folge ich gerne. Sie können unmaßgeblich immer die jungen Hüner gut füttern lassen. Gemästete Kälber sollen auch ganz gesund seyn. Noch eins, liebe Madame, wo soll ich schlafen? nur in keiner Kammer, wo Mäuse sind. Ich will lieber etliche kleine Bären und ein Rhinoceros um mich haben, als diese geschwindfüßigen Unholde. Es geht doch auf Ihrem Landgute nicht etwan um? Nun, wenns auch wäre! Ich bringe einen ganzen hübschen Vorrath von schlechten Gedichten mit, mit denen ich die Gespenster auf zehn Meilen Weges fortlesen will. Es haben sich schon verschiedene gute Freunde zu meinen Reisegefährten angeboten; es ist mir aber immer, als wenn ich keinen mitnehmen würde. Ich kann nicht sagen warum? aber ich fühle es, daß wir sie nicht brauchen. Ihr Mann möchte auch verdrüßlich werden, wenn viele Leute unsere Vertraulichkeit mit ansähen.

Nun, das wird recht hübsch seyn! Aber meine liebe Freundinn, es sind noch zween Monate

(Gellerts Briefe.) Q

re bis dahin, wenn es doch nur so viel Tage wären! nehmen Sie es mir nicht übel, ich muß Ihnen wieder ein Mäulchen geben. Denn ich bin von dem vielen Schreiben ganz entkräftet. Sie können mirs ja wieder geben, wenn Ihr Mann Umstände machen will. Grüßen Sie ihn, und sagen Sie ihm, daß ich seine Schriften so gern, als Mosheims Werke, läse, damit er mir nicht gram wird. Ich bin zeitlebens Ihr recht sehr guter Freund.

Ein und siebenzigster Brief.
An einen guten Freund.

Sie wissen doch, daß heute schon der fünfte May ist, und daß Sie mir versprochen haben, den May bey mir auf dem Lande zuzubringen? Ich erinnere Sie also an Ihr Versprechen, oder vielmehr an das Vergnügen, das Sie sich selbst schuldig sind. Ich lade sie von neuem ein, im Namen meiner lieben Frau, im Namen der losen Doris, im Namen der Freundschaft, der Liebe und des Mays.

> Das Herz der edlen zu entdecken,
> Lachst du, o May, mit heitern Blicken
> Aus der verschönerten Natur;
> Schmückst Freunden, die dich zu geniessen,
> Und dankbar zu gebrauchen wissen,
> Vor andern Fluren meine Flur.

Kommen Sie, Sie sollen alles finden, was Sie von dem Frühlinge und einer gastfreyen Wirthinn er-

Ein und siebenzigster Brief.

erwarten können. O was machen Sie für eine unschlüßige Mine! Das ist die Mine der Unterthanen, denen der gnädige Herr einen Hoftag ansagen läßt, und nicht die Mine eines Geselligen, den seine Freunde zum Vergnügen rufen. Mit ihren traurigen Büchern! Ob Sie nun in Ihrem Leben vierzehn Tage mehr oder weniger studieren, dabey wird die beste Welt nicht viel verlieren. Sie und viele andere wissen zu viel, als das ich glauben könnte, daß Sie noch aus Liebe für die Wissenschaften und für die Welt, und nicht vielmehr aus einem Weisheitsvollen Stolze studieren sollten. Im Vertrauen geredet, diese ganze Stelle von dem, O was machen Sie.. an, hat mir meine Frau eingegeben. Ich wollte es beschwören, daß es zugleich eine Satyre auf mich seyn soll, und ich wollte gern böse auf meine Frau werden, wenn ich nur könnte. Aber wo kann ich? Sie hat mir, da sie mir die Spötterey vorsagte, eine Mine gemacht in der mehr Freundlichkeit war, als in zehn Satyren Bosheit seyn kann. Sie bleibt die Frau die ich mir nicht besser wünschen kann, und die Sie, als ihren Bruder, liebt; aber unter der Bedingung, daß Sie zu uns kommen. Sie hat unserm Christoph schon anbefohlen, daß er auf den Sonnabend nach L.. fahren, daß er sein bestes Kleid anziehen, daß er die Kutsche abputzen, daß er heute und morgen den Pferden viel zu gute thun, daß er Sie abholen, daß er nicht viel mit

Ihnen reden, daß er Ihnen alles an denen Augen absehen, und sich ja in acht nehmen sollte, daß Sie nicht mitten auf dem Wege aus der Kutsche sprängen, und zu Fuße nach L.. zurück kehrten. Christoph fragte, ob denn der Herr so eigensinnig wäre. Ja doch, sagte meine Frau, er ist eben so eigensinnig, als gutwillig, um desto aufmerksamer müßt ihr seyn; kurz, es ist der Herr, in dessen Büchern ihr Sonntags immer leset. Hier verbeugte sich Christoph, und sagte, daß ihm ein ganzes Jahr Lohn nicht so lieb wäre, als daß er diesen Herrn fahren sollte. Er wird also auf den Sonnabend zu Mittage in vollen Staate, und in tiefer Ehrfurcht, vor Ihrem Hause erscheinen, und wir wollen Sie gegen Abend in der kleinen Allee, mit offnen Armen und gedeckter Tafel erwarten. Herr R.. läßt Sie ganz weichmüthig grüßen. Es ist mit dem Frühlinge eine große Veränderung in seinem Charakter vorgegangen.

> Der Stolze, der vor unsern Ohren
> Die Liebe tausendmal verschworen,
> Verseufzt itzt seinen Tag betrübt;
> Haßt, die ihn suchen aufzuwecken;
> Flieht einsam in die finstern Hecken.
> O May! wo ist sein Stolz? Er liebt!

Im Ernste, er liebt. Rathen Sie, wen? Sie errathens nicht. Die junge Witwe. Diese hat durch Hülfe des Lenzes das ganze System seines hagestolzischen Herzens über den Haufen geworfen.

fen. Es ist sein Ernst, daß er sie heyrathen will, und ich habe nicht viel dawider einzuwenden; Sie vielleicht auch nicht. Unterdessen ist sie noch zu sehr Witwe, als daß Sie ihn unter acht Tagen anhören sollte. Kommen Sie, bringen Sie uns was zu lesen, ein offnes Gesichte, und ein offnes Herz mit. Ich bin ꝛc.

Zwey und siebenzigster Brief.
Ein Frauenzimmer an ihren Liebhaber.

Ich habe mir alle Mühe gegeben, Sie zu vergessen, und ich hatte es, ohne Ruhm zu melden, schon weit gebracht; aber ihr lezter Brief hat alles wieder eingerissen. Ich weiß nicht, ob mein Herz zu gut ist, Sie zu vergessen, oder ob Sie zu gut sind, vergessen zu werden. Genug, ich fühle, daß Sie mir noch nicht gleichgültig geworden sind, und es würde mir gar nicht zuwider seyn, wenn ich eine Stunde um Sie seyn, und Ihrem prosaischen und poetischen Gewäsche zuhören sollte. Allein verlassen Sie sich nicht zu sehr auf diese Versicherung. Ich stehe nicht für mein Herz. Woher weiß ich, ob es den Eindruck von ihren Verdiensten in die Länge behalten wird? Andere Leute haben auch Verdienste, und ein Verdienst kann ja wohl

das

das andre auslöschen. Wenn ich Ihnen also recht ehrlich rathen soll, mein Geliebter, so schreiben Sie mir ja fein oft, damit ich Gelegenheit habe, mich an Sie zu erinnern, und mein Herz mit Ihnen von neuen anzufüllen. Loben Sie mich ein bischen, reden Sie von meiner Geschicklichkeit in der Musik, im Zeichnen, in der Poesie. Sagen Sie, daß Ihre Verse unter den meinigen sind, daß Sie mir viel zu verdanken haben, daß Ihnen jede Stunde noch kostbar ist, die ich Ihnen aufgeopfert habe. Dieses ist das, was sie mir schreiben sollen. Die Art, es zu sagen, überlasse ich Ihrem feinen Witze. Nun will ich Ihnen auch sagen, was Sie mir nicht schreiben sollen. Erstlich überhaupt nichts von meinen Fehlern: denn wenn ich auch welche hätte: so haben Sie, als mein Verehrer, doch kein Recht, sie wahrzunehmen. Ferner, schreiben Sie mir nichts von Charlotten, weder im guten, noch im bösen; denn sie gehet Sie nichts an. Ich habe es ihrem Manne gesagt, daß Sie Briefe mit ihr wechselten, und er will deswegen an Ihre gnädige Herrschaft schreiben. Wenn ich gewußt hätte, daß er die Sache so weit treiben würde: so hätte ich wohl schweigen können. Endlich schreiben Sie mir keine solche Verschen mehr, als in Ihrem letzten Briefe stehen, sondern warten Sie, bis ich Sie um solche traurige Neuigkeiten bitte. Und noch einmal endlich; fangen Sie meine Briefe nicht

mehr

mehr durch: "Mein liebes Christianchen, an, oder, wenn Sie dieses Wort ja nicht lassen können: so setzen Sie wenigstens: Hochedelgebohrnes Hochzuehrendes Christianchen! unter diesen Bedingungen sollen mir Ihre Briefe allezeit lieb seyn.

Drey und siebenzigster Brief.
An den Herrn Baron Gr**.
Vom Lande.

Wären Sie immer mit mir gefahren. Es gefällt mir ungemein wohl auf dem Landgute der Frau von K**, und es würde mir noch besser gefallen, wenn ich weniger bedient würde, nicht so weich schlafen, und weniger vornehm speisen dürfte. Meine Wirthin ist die gefälligste Frau von der Welt. Ihr Gesichte ist so heiter, wie die Gegend auf ihrem Landgute, und ihre Fräulein Tochter könnte die Hälfte ihrer Reizungen und liebenswürdigen Eigenschaften entbehren, und darum doch noch die Mißgunst der Schönen, und die größte Hochachtung unsers Geschlechts verdienen. Soll ich Ihnen erzehlen, wie ich meine Tage hier zubringe? Aber warum frage ich noch? Sie haben mirs ja befohlen; ich habe es Ihnen versprochen, und es würde mir zu viel an meinem Vergnügen fehlen, wenn ichs Ihnen nicht beschreiben dürfte. Machen Sie

sich

sich also immer zur Geduld gefaßt, Herr Baron! denn ich habe heute überaus große Lust, zu schwatzen.

Ich schlafe in einem Zimmer, das auf der einen Seite in den Hof, und auf der andern in den Garten und in das Feld gehet. Meistens um sechs Uhr des Morgens stehe ich schon an dem Fenster, und überschaue mit einem unersättlichen Auge den Herbst, im Felde und Garten. Der weite Himmel, davon wir in der Stadt nichts wissen, ist mir aus meinem Fenster ein ganz neues Schauspiel. Hier stehe ich nun, und vergesse mich eine halbe Stunde im Sehen und Denken. Nach diesen glücklichen Augenblicken und ganz berauscht von dem Geiste des Morgens, öffne ich die Thüre, um einen Bedienten zu haben; aber so glücklich wird mirs nicht. Nein, es kommen ihrer wenigstens drey auf einmal, die sich mir zu Ehren aus dem Athen gelaufen haben, und mit aller Gewalt zu meinem Befehl seyn wollen: und wenn ich den einen etwas bitte, so nimmt es der andre übel, daß ich weniger Vertrauen zu ihm habe. Kurz, ich muß mich anziehen lassen, ich mag wollen, oder nicht.

Unter dieser Beschäftigung besuchen mich fünf bis sechs freundliche Windhunde, mit denen ich mich in ein kleines Gespräch einlasse, weil ich weiß, daß sie mir nicht antworten. Indessen erzählt mir der Jäger ihre Thaten von Jagd zu

Jagd

Drey und siebenzigster Brief.

Jagd, beschreibt mir das ganze Revier, und kränkt sich, daß ich kein Liebhaber von Hetzen bin. Weil ich ihm einigemal zu verstehen gegeben habe, daß man auch gegen die Thiere barmherzig seyn müßte: so hat er sich heimlich bey der gnädigen Frau erkundiget, ob ich ein Pietist wäre.

Nunmehro kömmt der Caffe; ich nehme ein Buch, mache eine gelehrte Mine, und den Augenblick fliehen meine Bedienten. Die Bücher, die ich zu mir gesteckt habe, sind der Terenz, der Horaz und der Gresset. Sollten Sie wohl glauben, daß ich in diesen Dichtern auf dem Lande weit mehr Schönheit finde, als in der Stadt? Doch warum sollten Sie sich wundern? Hier ist die Natur selbst ihre Auslegerinn, die sie begeisterte, als sie sangen. Und sie erklärt sie, wenn gleich nicht so gelehrt, doch angenehmer und deutlicher, als die angesehensten Commentatores. Die Beschreibung einer schönen Aussicht, die Gemälde von der Unschuld und Freyheit des Landlebens entzücken mich doppelt, wenn ich sie mit der Natur zusammen halten kann. Selbst die andern Schönheiten der Poeten rühren mich hier mehr, als in dem Geräusche der Stadt; hier, wo mein Verstand durch die Anmuth des Landlebens offner, und mein Geschmack lebhafter und feiner gemacht wird. Diesen Morgen fiel mir der Eunuchus in die Hand, ich wollte ihn durchlesen; aber ich kam in der ganzen Stunde nicht weiter, als bis zu dem Ende der zwoten Scene, so oft bin ich durch die liebenswürdige Einfalt dieser Auftritte entzückt und aufgehalten worden. Ich kann mir nicht helfen. Ich muß Ihnen ein Stück aus der Anrede des Parnemo an seinen verliebten Herrn aufbringen; es ist gar zu schön.

 Et quod nunc tute tecum iratus cogitas:
 Egone illam? quae illum? quae me? quae non?
    sine modo.
Mori me malim: sentiet, qui vir siem.
Haec verba me hercule vna falsa lacrumula,
Quam, oculos terendo miserè, vix vi expresserit,
Restinguet: et te vltro accusabis, et ei dabis
Vltro supplicium.

So? höre ich sagen, warum haben Sie denn eben diese Stelle ausgezogen? Ist es etwan gar eine Bosheit, die mir gelten soll? Eine Bosheit? Nein, Herr Baron; aber fragen Sie nur, Ihr Herz, ob etwas wahres und richtigers seyn kann, als diese Stelle. Ja doch, rief ich überlaut, da ich sie las, ja doch, eine kleine falsche Thräne! ich sehe das Mädchen, itzt reibt sie sich die Augen, und zwar erbärmlich. Vortreflich! Die kleine Thräne will nicht kommen; aber sie muß. Und itzt löscht diese Thräne alle die hitzigen Reden des Phädria aus; alle auf einmal. So dachte und sprach ich mit mir, und schmälte auf mich, daß ich nicht auch so klug, wie Terenz wäre. Vergeben Sie mir
         diese

diese Schulepisode. Ich will gleich von meinen Büchern zu einem andern Zeitvertreibe eilen.

Wenn ich mich bald satt gelesen habe: so warte ich der gnädigen Frau und Fräulein Tochter auf. Ich treffe sie gemeiniglich bey einem Buche, oder mit dem Verwalter über einer Rechnung an. Alles lacht mir entgegen, und sogar der Verwalter, der zwanzig Jahre ein Wachtmeister gewesen ist, zwingt sich, aus seinem fürchterlichen Gesichte mir ein freundliches zu machen. In dieser Stunde, (denn so lange halte ich mich ohngefehr in dem Zimmer meiner Gebieterinn auf,) verdiene ich eigentlich die Erlaubniß, mich auf ihrem Landgute zu vergnügen. Ich rede mit ihr, und unser Gespräch betrift gemeiniglich die Erziehung ihres Sohnes, der Hofnung ihres Geschlechts. Wenn es bald Mittag ist, so setze ich mich mitten auf den Hof, dessen oberste Hälfte gepflastert und mit einem Geländer umgeben ist. Ich klingle mit einem kleinen Glöckgen, und darauf kömmt . . . wer dächten Sie wohl? eine Heerde Federvieh, zu Fuße und im Fluge, herbey geschossen. Ich füttere also Hüner, Truthüner, Enten, Gänse, Tauben, alles unter einander, und überzehle meine Nation. Der Tauben ist beynahe ein unzehlbares Volk. Darauf besuche ich die Rebhüner und Wachteln in ihrer Stube auf dem Taubenhause, und zugleich die jungen Tauben. Eine angenehme Scene! Hier füttert die Mutter ihre Kinder; dort brütet

tet die andre eine noch künftige Nachwelt aus, und wird von ihrem Gatten ermuntert, das Nest zu verlassen, ihm Platz zu machen und sich mit der Mahlzeit zu erquicken. Erst bittet er sanft und liebreich, dann redet er ernsthafter, und wenn sie von ihrer Pflicht noch nicht weichen will: so gebietet er mit einem räuberischen Tone, und drehet sich zehnmal in den Kreis herum, als wollte er sie nicht mehr ansehen, und ihr doch auch die Freyheit lassen, sich, unbemerkt von ihm, aus dem Nest zu entfernen. Von da gehe ich in die Pferdeställe, und endlich von Stalle zu Stalle, und sehe die gute Ordnung, die Reinlichkeit der Ställe und die Mühe, mit der die Menschen dem Viehe ihren Nutzen abverdienen müssen.

Um zwölf Uhr wird die Gesindeglocke geläutet, und nie bin ich froher, als wenn ich, ohne bemerkt zu werden, eine große Tafel, voll gesunder und hungriger Mägde und Knechte speisen sehe. Wenn diese Leute auch sonst nicht so glücklich sind, als ihre Herrschaft: so sind sie doch bey Tische gewiß glücklicher. Alles ißt und redet zugleich an ihnen. An der einen Reihe sitzt das Mannsvolk, und an der andern sitzen die Dorfschönen. Ein Brodt, so breit, wie der Tisch, ist vor der halben Stunde verzehrt. Sie können leicht denken, daß es unter diesen beyden Geschlechtern auch Zärtliche giebt, und daß sich der Knecht, wenn er in die Schüssel sehen will, zuwei-

Drey und siebenzigster Brief.

weilen vergißt, und seiner Geliebten in die schwarzen Augen siehet. Gestern war in einem benachbarten Städchen Jahrmarkt. Sie hatten von ein Uhr an, die hergebrachte Freyheit, den Jahrmarkt zu besuchen. Alle waren bey Tische in ihrem völligen Staate, und jeder Knecht triumphirte mit einem Bande auf seinem Huthe, wie es seine Schöne um die Haare trug. Ihre Tafel war mit etlichen Schüsseln Tauben besetzt. Alles gieng freyer und empfindlicher zu. Die Schönen scherzten mit ihren Geliebten, wer dem andern einen Jahrmarkt kaufen sollte, und brachen, um es durch das Glück auszumachen, das Schloßbein der Tauben mit einander entzwey. Die Chapeaus ließen den Schönen gemeiniglich die größte Hälfte, und diese bückten in währendem Spiele sich so vortheilhaft über die breite Tafel, daß ihre Galane entweder den Sieg vergaßen, oder ihn doch am Ende vergessen konten;

Denn Mädchen, wenn sie gleich das Dorf erzogen hat,
Sind wie die Mädchen in der Stadt.

Unter diesen jungen Leuten sitzt zu oberst an der Tafel, ein schön grauer Mann, ceu pius Aeneas, welcher Nachtwächter von dem Herrnhofe ist, und doch den Tag über die sauerste Handarbeit verrichtet. Man ißt nicht eher, bis er seinen Platz eingenommen hat, und sobald er aufsteht, folgt die ganze Schaar von zwanzig Personen nach. Wenn sie Fleisch haben, welches die Woche drey oder viermal geschiehet: so

ißt

ißt er mir die Hälfte von seiner Portion, und die andre Hälfte trägt er seiner neunzigjährigen Mutter nach Hause. Und eben um diese zu erhalten, ist er Nachtwächter; denn er bekömmt für jede Nacht einen Groschen. Ein schreckliches Geld! Aber der gute Mann muß nicht nur von zehn Uhr bis zum Tage für einen Groschen wachen, sondern auch beständig beten und singen, damit man weiß, daß er wacht. Kurz, der Mann muß für das ganze Dorf und alle umliegende Gegenden beten. Er kann auch wirklich alle Psalmen und das ganze Gesangbuch auswendig. Und in so weit dieses zu seinem Dienste nöthig ist: so glaube ich, daß man weit eher zehen gute Gerichtsverwalter, als einen tüchtigen Nachtwächter für diesen adelichen Hof finden kann. So wenig er schläft, so viel er arbeitet; so ist er doch gesund, zufrieden und die Freundlichkeit selbst. Sie vergeben mirs gewiß, daß ich mich so lange bey der Beschreibung dieses Mannes aufgehalten habe. Denn sind sie nicht auch meiner Meynung, daß er eher verewiget zu werden verdient, als mancher große Mann, der sich in seinem Kupferstiche bewundert, und dessen Leben einen ganzen dicken Quartanten anfüllet?

Wenn das Gesinde gegessen hat, so gehet unsre Tafel an, und ob gleich die gnädige Frau, mir zu Liebe, eine Stunde hat eingehen lassen, so sitzen wir doch noch immer zwo. Ueber der Tafel gehöre ich der gnädigen Frau an, und nach

der

Drey und siebenzigster Brief.

der Tafel, damit ichs kurz mache, dem Garten, dem Schache und dem Clavecin. Der Abend, von acht Uhr an, ist für mich allein. Da lese ich noch eine Stunde, und so geht der Tag vorbey. Was das meiste ist, so bin ich die ganze acht Tage gesund gewesen. Das ist viel Glück!

Mich deucht, Sie wissen nunmehro genug von meinem Zeitvertreibe auf dem Lande, und vielleicht mehr, als Sie haben wissen wollen. Dennoch muß ich Ihnen noch eine lustige Begebenheit erzehlen, welche die Kirchenordnung in der hiesigen Gegend angehet. Diese ist sehr tyrannisch. Ich gehe am vergangenen Sonntage ganz allein in die Kirche, weil die gnädige Frau Fremde bey sich hatte. Ich setzte mich unbekannt neben den ersten den besten Bauer. Ein Student stieg auf die Kanzel, und fieng über das Evangelium von den Lilien auf dem Felde eine schreckliche Predigt an. Er war so philosophisch, daß er den Bauern erklärte was säen und erndten wäre. Die Predigt that ihre natürliche Wirkung auf mich; ich schlummerte sanft ein. Aber in dieser Kirche hat man die Freyheit nicht, über einer schlechten Predigt einzuschlafen. Mein Nachbar weckte mich mit einem ziemlichen Stoße sehr geschwind auf, und rief: Der Junge kömmt! Ich wußte nicht, was er wollte, und glaubte, weil der Prediger gleich mit einer Stelle aus dem Cicero bewies, daß niemand reich wäre, der nicht eine Armee aus seinen Vermögen

mögen unterhalten könte, daß er mich dieser gelehrten Stelle wegen aufgeweckt hätte, und also schlief ich wieder ein. Im kurzen erwachte ich zum andern male von einem derben Schlage, und sahe einen kleinen Bauerjungen mit einem ziemlich langen Stecken vor mir stehen. Er gab mir einen Verweis mit der Mine. Nun wußte ich, was mein Nachbar hatte haben wollen. Dieser Junge hat das Recht, mit seiner Lanze in der Kirche herum zu laufen, und die Leute aufzuwecken. Ich schämte mich, und wollte lieber eine elende Predigt anhören, als mich noch einmal vor der ganzen Gemeine auf den Kopf schlagen lassen. Muß der Junge nicht lachen, wenn er in wenig Tagen den Herrn in der Kutsche der gnädigen Frau, mit vier Pferden bespannet, durch sein Dorf wird fahren sehen, dem er am Sonntage seine Gewalt hat fühlen lassen? Ich bin mit dem Ende dieser Woche gewiß wieder in Leipzig. Wollen Sie aber noch zu uns kommen, so will ich bis künftige Woche hier bleiben, und mir in Ihrer Person ein neues Verdienst bey meiner Wirthin und der Fräulein erwerben.

Ich dächte, Sie kämen!

www.ingramcontent.com/pod-product-compliance
Lightning Source LLC
Chambersburg PA
CBHW021358230426

43666CB00006B/563